Jana Highholder
jung und gläubig
Gedanken, die deinen Alltag verändern

Jana Highholder

jung und gläubig

Gedanken,
die deinen
Alltag
verändern

SCM
R.Brockhaus

SCM

Stiftung Christliche Medien

SCM R.Brockhaus ist ein Imprint der SCM Verlagsgruppe, die zur Stiftung
Christliche Medien gehört, einer gemeinnützigen Stiftung,
die sich für die Förderung und Verbreitung christlicher Bücher,
Zeitschriften, Filme und Musik einsetzt.

© 2022 SCM R.Brockhaus in der SCM Verlagsgruppe GmbH · Max-Eyth-Str. 41 · 71088 Holzgerlingen
Internet: www.scm-brockhaus.de · E-Mail: info@scm-brockhaus.de

Hauptübersetzung:
Lutherbibel, revidiert 2017, © 2016 Deutsche Bibelgesellschaft, Stuttgart. (LUT 2017)

Weiter wurden verwendet:
Gute Nachricht Bibel, revidierte Fassung, durchgesehene Ausgabe
in neuer Rechtschreibung, © 2000 Deutsche Bibelgesellschaft, Stuttgart. (GNB)
Hoffnung für alle * Copyright © 1983, 1996, 2002, 2015 by Biblica, Inc.*.
Verwendet mit freundlicher Genehmigung des Herausgebers Fontis – Brunnen Basel. (HFA)
Neues Leben. Die Bibel, © der deutschen Ausgabe 2002, 2006 und 2017 SCM R.Brockhaus in der
SCM Verlagsgruppe GmbH Witten/Holzgerlingen. (NLB)
Elberfelder Bibel 2006, © by SCM-Verlag GmbH & Co. KG, Witten. (ELB)

Lektorat: Mirja Wagner, www.lektorat-punktlandung.de

Umschlaggestaltung: Stephan Schulze, Stuttgart
Innengestaltung: Grafikbüro Sonnhüter, www.grafikbuero-sonnhueter.de

Verwendete Bilder: alle Bilder Jonas Kaltenkirchen, Gelsenkirchen
außer S. 28: Taisiia Shestopal (unsplash), S. 56: Kelli McClintock (unsplash),
S. 82: Christin Hume (unsplash), S. 94: GR Stocks (unsplash), S. 100: khloe arledge (unsplash)
S. 114: Warren Wong (unsplash) S. 116: Roland Lösslein (unsplash), S. 150: Dev Benjamin (unsplash),
S. 184: Gaelle Marcel (unsplash) S. 200: Zach Reiner (unsplash), S. 220: Priscilla Du Preez (unsplash)

Druck und Bindung: Print Consult GmbH
Gedruckt in Slowenien
ISBN 978-3-417-00014-6
Bestell-Nr. 227.000.014

Für all jene,
auf die Gott noch wartet.
Und für alle, die schon da sind.
Für eine Jugend mit Gott.

Inhalt

jung und gläubig

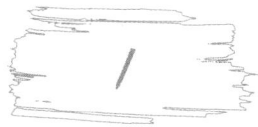

Jung und gläubig. Das ist der Titel dieses Buches. Jung zu sein, definiert sich durch das Alter, das ist irgendwie offensichtlich. Aber gläubig? Was genau bedeutet das und brauchen wir das überhaupt noch? Wir sind jung. Aber warum sollten wir gläubig sein? Warum oder wozu sollten wir glauben? Ist es überhaupt notwendig? Hat es irgendeinen Sinn?

Ich kann dir nicht erklären, warum *du* glauben solltest. Wahrscheinlich kann das niemand. Aber ich kann dir erklären, warum *ich* glaube. Kurz: Ich habe bisher noch nie einen Grund gehabt, es nicht zu tun. Das heißt nicht, dass ich nie zweifle und alles immer schlüssig, logisch und verständlich finde. Aber ich halte an der Tatsache fest, dass Gott real ist, dass er existiert und in meinem Leben wichtig ist.

Rückblickend kann ich sagen: In meinem Leben gab es noch nie eine Situation, in der Gott mich verlassen hätte. Natürlich hatte ich schon öfter das Gefühl, dass etwas gerade keinen Sinn ergibt und alles fürchterlich ist – als würde der Himmel nie wieder blau werden. Doch ich durfte lernen und erfahren, dass meine Perspektive begrenzt ist, denn gerade in diesen herausfordernden Momenten fing oftmals etwas Gutes und Neues an. Etwas, das ich zu diesem Zeitpunkt noch gar nicht sehen konnte.

Mit sechs Jahren bin ich an Krebs erkrankt und meine Geschichte hat mir schon als Kind eine Sicht auf das Leben gegeben, wie ich sie jedem Menschen wünschen würde: Jeder Tag war ein echtes Geschenk und eine wahre Freude. Ich konnte mir nicht sicher sein, ob ich am nächsten Morgen wieder aufwachen würde – letztlich kann das niemand wissen. In dieser Zeit durfte ich lernen, dass das Leben nicht erst dann wertvoll wird, wenn einem Menschen die Unsicherheit des Lebens bewusst wird. Im Gegenteil: Es entfaltet seinen Wert schon jetzt, hier und heute. Dieses Leben zeigt sich in all seinen Möglichkeiten und all seinen Facetten, in seiner Begeisterung an der Gegenwart und seiner Lust auf die Zukunft. Mich hat diese Sichtweise bereichert und dankbar gemacht für das Hier und Jetzt, das ich erleben darf.

Dieses Leben zeigt sich in all seinen Möglichkeiten und all seinen Facetten, in seiner Begeisterung an der Gegenwart und seiner Lust auf die Zukunft.

Aber was verstehe ich nun unter Glauben? In der Bibel, besonders im Neuen Testament, steht immer wieder, dass Glaube sich aus vertrauender Hoffnung bildet: *»Der Glaube ist der tragende Grund für das, was man hofft: Im Vertrauen zeigt sich jetzt schon, was man noch nicht sieht«* (Hebräer 11,1; HFA). Ich finde, das ist eine ziemlich gute Erklärung: Wenn ich etwas wüsste, müsste ich es ja nicht glauben. Glaube – das ist ein Ja zu Gott, auch in Anbetracht ungeklärter Fragen.

Jeder Mensch glaubt vermutlich an irgendetwas. Jeder sieht sein Leben aus irgendeiner Perspektive und reflektiert seine Umwelt anhand bestimmter Parameter. Insofern ist die Frage eigentlich nicht: »Glaubst du?«, sondern: »Woran glaubst du?« Und: »Was gibt deinem Leben Sinn, Fülle und Perspektive?« Meine persönliche Antwort auf diese Frage lautet: mein Glaube an Gott.

Als Christin glaube ich an etwas, das ich nicht sehe. Es ist unsichtbar, und trotzdem glaube ich, dass es existiert, und ich erlebe sogar, dass es sich in meinem Leben regelmäßig beweist. In den kleinsten Situationen zeigt Gott mir: Ich bin da! Ich kann Gott spüren, mich an meinem Glauben festhalten und davontragen lassen. Er begleitet mich durch die tiefsten Täler und auf die höchsten Berge, von denen ich dann eine wunderschöne Aussicht habe. Doch beweisen kann ich dir meinen Glauben nicht. Genau das kann herausfordernd sein: Du kannst mir Gott nicht widerlegen – und ich wiederum kann ihn dir nicht beweisen. Ich kann nur auf ihn weisen.

Wenn ich mit anderen Menschen über meinen Glauben rede, fällt immer mal wieder ein Satz wie: »Glaube ist etwas für die Schwachen, für die Menschen, die es selbst nicht auf die Kette bekommen und jemanden brauchen, der ihnen hilft.« In solchen Momenten kommt mir dann oft folgender Gedanke:

Wenn ich nachts Auto fahre und mir ein anderes Auto entgegenkommt, werde ich das Passieren des Autos nur überleben, wenn die mir entgegenkommende Person leben möchte. In diesen Sekunden bin ich vollkommen abhängig von diesem Einvernehmen: »Wir beide wollen leben. Wir beide wollen aneinander vorbeifahren.« Diese Übereinkunft wurde niemals ausgesprochen. Letztlich liegt mein Leben in diesen Sekunden in den Händen einer anderen Person.

Genauso fühle ich mich in den Momenten meines Lebens, in denen ich nicht mehr weiterkomme und mir klar wird: Mit menschlichem Tun ist hier nichts mehr zu machen. Es wird sich nichts ändern, nur weil ich es will. Als ich Krebs hatte, hätten meine Eltern wahrscheinlich alles getan, um mich zu heilen. Viel mehr noch: Sie hätten die Krankheit auf sich genommen, damit ich wieder hätte gesund werden können. Aber das ging nicht. So stand ich schon in ganz jungen Jahren an dem Punkt, an den andere Menschen wahrscheinlich erst viel später kommen, und habe erkannt: »Du als Mensch, kannst hier nichts mehr tun! Das Leben liegt nicht in deiner Hand.«

Darum ist Glaube nichts für die Schwachen, sondern für die Einsichtigen, für jene, die verstehen, dass sie nichts in ihren Händen halten, auch wenn das so scheint. Daran erinnert mich das Autofahren – an eine Illusion von Kontrolle.

Gott hat uns in Jesus Christus bereits eine Einladung ausgesprochen. Er ist den ersten Schritt zu einem Einvernehmen gegangen und wünscht sich von uns, dass wir ihm glauben und ein Ja dazu haben.

Gott hat uns in Jesus Christus bereits eine Einladung ausgesprochen. Er ist den ersten Schritt zu einem Einvernehmen gegangen und wünscht sich von uns, dass wir ihm glauben und ein Ja dazu haben.

Damals habe ich mich in die Hände eines anderen, in die Hände meines himmlischen Vaters, fallen lassen und diesem Einvernehmen zugestimmt. So ist aus der Illusion von Kontrolle die Gewissheit geworden: An der Hand Gottes ist es sicher. Als Christin glaube ich an etwas Unsichtbares, aber real Erfahrbares: An etwas, das mich durch Tiefen und Höhen trägt, mich begleitet und erfüllt. Ich genieße es, in einer Welt, die schnelllebig und kurzweilig ist, jemanden zu haben, der beständig, immerwährend und gleich ist – und dabei immer mehr als nur »gut«. Die Baseline der ganzen Sache ist: Ich weiß es nicht, aber ich glaube es. Und das erfüllt mich mit vertrauender Hoffnung.

Ich weiß es nicht, aber ich glaube es.

Wege finden, Wege gehen

2

Wie finde ich eigentlich meinen Weg? Hast du dich das auch schon mal gefragt? Meine Antwort darauf ist: indem ich suche! Spätestens wenn man nach dem Schulabschluss mit dem Zeugnis in der Hand dasteht, bemerken die meisten, dass es damit ja noch nicht getan ist. Das Leben geht weiter. Dann ist es an der Zeit, den Blick zu heben und zu erkennen: »Ich bin mehr als diese Benotung.« Ich kann etwas, ich trage Leidenschaft, ich interessiere mich, ich will weiter lernen und wachsen. Ich bin mehr. Du bist mehr. Und für jeden gibt es einen Platz. Nur scheint es uns sehr schwerzufallen, zu entdecken, wo der sein soll. Um das rauszufinden, musst du nicht zwingend ins Ausland fahren und an Australiens Küsten entlangreisen – das ist mit Sicherheit nicht für jeden etwas. Aber jeder sollte mal etwas tun, was seine Perspektive erweitert, seinen Blick hebt und ihm zeigt, dass er mehr ist.

Ich kann etwas, ich trage Leidenschaft, ich interessiere mich, ich will weiter lernen und wachsen. Ich bin mehr.

Viele nehmen sich deswegen nach der Schule erst mal ein Jahr Zeit, um darüber nachzudenken, was sie werden wollen. Aber mit Denken ist es nicht getan! Wenn ich in meinem Zimmer sitze und darüber nachdenke, ob ich gern Basketball spiele, werde ich die Antwort wahrscheinlich nie finden. Ich muss mir einen Ball schnappen, aufs Feld gehen und ein bisschen dribbeln. Erst dann kann ich sagen, ob mir das Spaß macht – und zwar so viel, dass ich Zeit, Kraft und Energie investieren möchte, um besser zu werden. Vielleicht sage ich auch: »Nein, das ist nicht meins. Ich lasse es sein!« Sicher ist: Erst nachdem ich es ausprobiert habe, bin ich in der Lage, zu entscheiden, ob ich das möchte oder nicht.

Manchmal höre ich von Leuten, dass sie ganz viel gebetet und Gott nach dem Weg gefragt haben – aber sie machen nichts. Dann frage ich mich: »Wie soll Gott dich lenken, wenn du nur stehst und nicht gehst? Wie soll er dir zeigen, was dein Weg, was richtig und falsch ist?« Nur ein fahrendes Schiff kann man lenken.

Ich persönlich klopfe immer an ganz viele Türen und sage gleichzeitig zu Gott: »Öffne und schließe du!« Meine ganze Schulzeit über habe ich zum Beispiel Praktika gemacht. Ich kann das wirklich nur empfehlen. Wenn du noch in der Schule bist: Erweitere deinen Horizont! Schau dich um, was es alles gibt! Probiere aus, was für dich richtig sein könnte!

Wir müssen Zeit, Kraft und Arbeit investieren, um unseren Weg zu finden und zu gehen.

Genau das ist der springende Punkt: Wir müssen Zeit, Kraft und Arbeit investieren, um unseren Weg zu finden und zu gehen. Vielleicht fängst du irgendwann an zu studieren oder machst eine Ausbildung und stellst nach einer Weile fest, dass es doch nicht das Richtige für dich ist. Dann musst du unterscheiden:

- Hast du dich wirklich verschätzt? Interessiert dich diese Fachrichtung, dieser Beruf tatsächlich nicht und du wirst damit definitiv nicht glücklich? (Zum Beispiel: Wenn du angefangen hast, Architektur zu studieren und feststellst, dass du gar nicht rechnen kannst oder willst, solltest du vielleicht doch lieber ein anderes Studienfach wählen – Germanistik oder so.)

- Oder hast du erkannt, dass dich das Studium oder die Ausbildung herausfordert und dich viel Zeit, Kraft und Energie kosten wird? Ist es eher die Herausforderung, die dich abschreckt?

Das ist ein Unterschied. Wir sind eine Generation, der man immer wieder gesagt hat, dass alles, was mit Lernen zu tun hat, immer Spaß machen und unbedingt bunt sein müsse. Aber das ist nicht wahr. Manche Dinge kosten Zeit, Kraft, Energie und Arbeit. Nichts, was sich wirklich lohnt, kommt von selbst.

Ich zum Beispiel werde Ärztin und längst nicht jeder Tag auf diesem Weg erfüllt mich mit übersprudelnder Freude. Ich heule richtig viel rum. Doch ich investiere all das, was von mir gefordert wird, weil ich dort ankommen will, wo ich hinmöchte. Das ist die Frage, die sich jeder von uns stellen muss: »Will ich etwas genug, um all das zu geben, was man von mir fordert – und vielleicht noch ein bisschen mehr –, um dort anzukommen, wo ich letztendlich sein möchte?«

Ich will dich ermutigen: Mit dem, was du jetzt und in den nächsten Jahren kontinuierlich machst, legst du bleibende Fundamente für dein Leben – und das ist es wert, sich zusammenzureißen.

Als ich angefangen habe, Medizin zu studieren, hat mein Vater, der für mich wirklich ein Vorbild ist, etwas Wichtiges zu mir gesagt: »Jana, wenn du jetzt sechs Jahre aufhörst, etwas zu tun, was deinem Herzen Freude macht und dich als Person und Persönlichkeit aufblühen und aufleben lässt, dann verpasst du sechs Jahre deines Lebens. Am Ende stehst du da und bist Ärztin, hast aber vielleicht vergessen, wer du als Person bist, was dich zum Lachen und Aufblühen und deine Gedanken zum Abschweifen bringt.«

Er hatte recht. Ich bin mehr. Du bist mehr. Man ist nicht nur das, was man beruflich wird. Gerade in dieser Zeit, in der man auf ein berufliches Ziel hinarbeitet, sollte man das niemals aus den Augen verlieren und hin und wieder mal den Blick heben. Ich habe wirklich schon viel Kraft und Zeit investiert, um Ärztin zu werden – und mache es bis heute. Dennoch nehme ich mir Zeit, um zum Beispiel durch Deutschland und die Schweiz zu reisen und aufzutreten und zu predigen. Ich mag das Reisen, dabei fühle ich mich lebendig. Ich bringe Bücher heraus. Ich bin in den sozialen Medien aktiv. All das ist mir wichtig und es ist es mir wert, mich zu investieren.

In all dem, was ich tue – als Medizinstudentin, als Speakerin oder Influencerin –, stellt sich mir die Frage: »Was bleibt? Was bleibt, wenn ich durch meine Prüfung falle, wenn das Bühnenlicht ausgeht und ich kein Wort mehr zu Papier bringe? Bin ich dann weniger wert als Person?« Die Antwort dazu ist ganz klar: Nein! Nichts von dem, was ich tue, bringt mir den Wert, den ich als Person habe.

Die Frage, die es zu stellen gilt, ist: »Was steht in dem Relativsatz hinter meinem und hinter deinem Namen – und wer hat es dahin geschrieben?« Ich will nicht nur Jana sein, die Medizin studiert. Oder: Jana, die eine Instagram-Page hat. Stattdessen hoffe ich und wünsche ich mir, dass Menschen, die mich lieben, mir begegnen und meine Freunde sind, diese Relativsätze füllen können mit Eigenschaften, die wirklich mein Herz bewegen. Mit Eigenschaften, die für mich wertvoll sind – und die am Ende das sind, was bleiben wird.

Ich ermutige dich: Geh auf die Suche nach deinem Weg und dann geh ihn mit Entschiedenheit. Und während du ihn findest, verlier dich nicht selbst.

Nichts von dem, was ich tue, bringt mir den Wert, den ich als Person habe.

Zweifel und Krisen

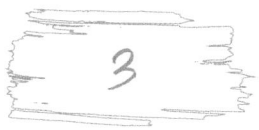

Erinnerst du dich noch an die Jahreslosung von 2020? Sie steht im Markusevangelium: *»Ich glaube; hilf meinem Unglauben!«* *(Markus 9,24b).*

Ich weiß nicht, wie es dir geht, aber ich finde gerade in globalen Krisenzeiten hallt dieser Satz in meinen Ohren, meinen Gedanken und meinem Herzen nach. Wenn ich dann durch die vielen Instagram-Posts scrolle und kurze Zeit später auf christlichen Seiten lese: *»Denn Gott hat uns nicht gegeben den Geist der Furcht, sondern der Kraft und der Liebe und der Besonnenheit«* *(2. Timotheus 1,7),* dann sag ich dazu Ja und Amen. Dennoch merke auch ich mitunter, wie schier im gleichen Augenblick Sorgen und existenzielle Nöte hochkommen, wie die Unsicherheit vor der Zukunft laut wird. Ich spüre, dass Zweifel in mir beginnen zu knospen, und erkenne auf einmal sogar: »Oh, es kann ja doch beides in einem Leben existieren: Lebenskrisen und der Geist Gottes.«

Ich glaube, dass es völlig natürlich ist, Angst zu haben. Wir sind Menschen mit menschlichen Emotionen. Aber genauso glaube ich auch, dass es sehr wichtig ist, sich nicht von dieser Angst beherrschen und führen zu lassen, sondern ihr etwas entgegenzusetzen: Frieden!

»Ich glaube; hilf meinem Unglauben!« Doch in welchem Kontext steht die Jahreslosung 2020 eigentlich?

**Als sie zu den anderen Jüngern zurückkamen,
fanden sie diese im Streit mit einigen Gesetzeslehrern und
umringt von einer großen Menschenmenge. Sobald die Menschen
Jesus sahen, gerieten sie in Aufregung; sie liefen zu ihm hin und
begrüßten ihn. Jesus fragte sie:**

»Was streitet ihr mit meinen Jüngern?«
Ein Mann aus der Menge gab ihm zur Antwort:
»Lehrer, ich habe meinen Sohn zu dir gebracht;
er ist von einem bösen Geist besessen, darum kann er
nicht sprechen. Immer wenn dieser Geist ihn packt,
wirft er ihn zu Boden. Schaum steht dann vor seinem Mund,
er knirscht mit den Zähnen und sein ganzer Körper wird steif.
Ich habe deine Jünger gebeten, den bösen
Geist auszutreiben, aber sie konnten es nicht.«
Da sagte Jesus zu allen, wie sie dastanden:
»Was ist das für eine Generation, die Gott nichts zutraut!
Wie lang soll ich noch bei euch aushalten
und euch ertragen? Bringt den Jungen her!«
Markus 9,14–19; GNB

Man könnte fast den Eindruck haben, dass Jesus genervt ist: *» Wie lang soll ich noch bei euch aushalten und euch ertragen?«* Aber ich finde, dass es Jesus irgendwie sympathisch macht, denn er ist ganz Gott und ganz Mensch mit all seinen Emotionen. Jesus kannte Trauer und Verzweiflung. Das wird in dem Moment kurz vor der Kreuzigung im Garten Gethsemane sehr deutlich. Und so kannte er wahrscheinlich auch Frust.

Wenn Jesus ganz Gott ist, dann glaube ich, dass dieser Ausruf auch Gottes Herz repräsentiert, wie er im Himmel sitzt und sich denkt: »Warum verstehen die Menschen es denn nicht? Warum wollen sie mich denn nicht annehmen? Warum wollen sie mich nicht sehen? Was ist das für eine Generation, die mir nichts zutraut?« In meiner Bibel habe ich mir diesen Vers sogar mal markiert.

Das Ganze passierte vor über 2000 Jahren, aber ich finde, dass es auch heute noch wie die Faust aufs Auge passt. Irgendwie hat sich so wenig verändert in diesen Tausenden von Jahren. Wir sind immer noch eine Generation, vielleicht mehr denn je, die Gott nichts zutraut, weil sie womöglich noch nicht einmal glaubt, dass es ihn gibt.

**Sie brachten ihn zu Jesus. Sobald der böse Geist Jesus
erblickte, zerrte er das Kind hin und her; es fiel hin
und wälzte sich mit Schaum vor dem Mund auf der Erde.
»Wie lange hat er das schon?«, fragte Jesus. »Von klein auf«,
sagte der Vater, »und oft hat der böse Geist ihn auch schon ins
Feuer oder ins Wasser geworfen, um ihn umzubringen.
Hab doch Erbarmen mit uns und hilf uns, wenn du kannst!«
»Was heißt hier:›Wenn du kannst‹?«, sagte Jesus.
»Wer Gott vertraut, dem ist alles möglich.«
Da rief der Vater: »Ich vertraue ihm ja – und kann
es doch nicht! Hilf mir vertrauen!«**
Markus 9,20-24; GNB

Das ist die Jahreslosung 2020 in der Guten-Nachricht-Übersetzung. Ich weiß nicht, wie es dir geht, aber ich kann mich so sehr mit diesem Vater identifizieren. Auch ich möchte manchmal sagen: »Gott ich weiß, dass du ein guter Gott bist, dem ich vertrauen darf. Wenn ich auf mein Leben zurückblicke, dann sehe ich, wie oft du mir schon deine Treue gezeigt hast.« Trotzdem herrscht in mir manchmal der Zweifel, ob ich wirklich vertrauen soll und kann. Dann überwiegt in mir das Gefühl: »Vielleicht kommst du doch zu spät.«

*Wir sind immer noch eine Generation,
vielleicht mehr denn je, die Gott nichts
zutraut, weil sie womöglich noch nicht
einmal glaubt, dass es ihn gibt.*

23

Ich glaube, viele verbinden mit dem Satz »*Ich glaube; hilf meinem Unglauben!*« den Wunsch nach einem stärkeren oder besseren Glauben. Da ist auf der einen Seite dieser tiefe innere Wunsch, sich unter den Willen des Vaters unterzuordnen, und gleichzeitig stehen in der Bibel Sätze wie: »*Wenn ihr dann in meinem Namen, unter Berufung auf mich, um irgendetwas bittet, werde ich es tun*« *(Johannes 14,13a; GNB)* oder »*[...] ihr habt nichts, weil ihr nicht bittet*« *(Jakobus,4,2b)*.

Ja, ich glaube an einen Gott, der heute noch heilen und Wunder tun kann. Manchmal geht es mir trotzdem so, dass ich zu Gott sage: »Ist es deinem Willen egal, was ich mir wünsche?« Warum beantwortest du meine Gebete nicht (so wie ich es will, wohlgemerkt). In solchen Momenten muss ich mich wieder erden und zurückkommen zu dem Vertrauen, dass Gottes Wille meine Wünsche mitberücksichtigt, weil Gott mich als liebender Vater sieht und kennt. Vielleicht antwortet er nicht unbedingt so auf meine Gebete, wie ich mir das wünsche. Aber ich glaube, dass er meine Bedürftigkeit dahinter sieht und meine Gebete in seiner Perspektive vielleicht sogar besser beantwortet, als meine begrenzten Antwortmöglichkeiten, die ich ihm vorgegeben habe, es je könnten. Es geht hier nicht darum, besser oder mehr zu glauben oder zu behaupten, dass ein größerer Glaube größere Wunder bewirken könnte. In der Bibel steht:

Ich versichere euch: Wenn euer Vertrauen auch nur so groß ist wie ein Senfkorn, dann könnt ihr zu dem Berg da sagen: »Geh von hier nach dort«, und er wird es tun. Dann wird euch nichts mehr unmöglich sein.
Matthäus 17,20b; GNB

Ich wünsche mir, dass mein Glaube zumindest Senfkorngröße hat. Ich glaube, dass jede unserer Tränen und all unser Flehen von Gott gehört wird. Er antwortet. Vielleicht manchmal später, vielleicht manchmal ganz anders, als wir uns das denken. Aber er antwortet.

Ich glaube, dass jede unserer Tränen und all unser Flehen von Gott gehört wird. Er antwortet. Vielleicht manchmal später, vielleicht manchmal ganz anders, als wir uns das denken. Aber er antwortet.

Ich bin auch davon überzeugt, dass Zweifel zum Glauben dazugehören. Ich würde niemals behaupten, dass sie etwas Ungesundes sind oder den Glauben gefährden. Im Gegenteil: Zweifel fordern dich auf, zu reagieren. Sie können dich entweder weiter wegtreiben von einer Sache und dazu führen, dass du dich davon distanzierst, weil du den Zweifeln nichts entgegenzusetzen hast. Oder aber du überwindest die Zweifel und bist näher an dem, was du überprüft hast. Zweifel fordern ein, beantwortet zu werden, und stehen nicht im Widerspruch zum Glauben.

Zweifel fordern ein, beantwortet zu werden, und stehen nicht im Widerspruch zum Glauben.

Ich persönlich beantworte meine Zweifel damit, dass ich in die Vergangenheit blicke und schaue, wo Gott sich mir bisher als treu erwiesen hat. Aus welchen Krisen kam ich schon wieder heraus? Die Coronazeit war so eine Krise und Belastungsprobe. Sie war nicht die erste und sie wird auch nicht die letzte sein. In jeder Krise steckt eine Chance und wir werden lernen, diese Krise zu überwinden. Krisen verändern ganze Gesellschaften – auch unsere – und ich hoffe, dass wir die Erfahrungen, die wir in solchen Krisen machen, zum Besten nutzen und mitnehmen, dass der Mensch nicht allein leben kann und wir kein egoistisches Leben führen können. In diesen Krisensituationen brauchen wir ein Miteinander und Menschen, die uns umsorgen.

Manchmal müssen wir warten, aushalten und ausharren. Es liegt Segen im Warten. Während der Corona-Pandemie war ich zum Beispiel über einen Monat in Quarantäne und habe erwartet, dass Gott eingreift. Ich glaube, dass dieser Prozess des Wartens, in dem wir uns manchmal befinden, uns eine enorme Charakterschulung durchlaufen lässt. Das ist Gnade. Nicht immer ist sofort alles gut, nicht immer hört alles sofort auf, wehzutun. Nur weil wir Jüngerinnen und Jünger Jesu sind, sind wir nicht vor Krankheit, finanziellen Nöten oder Bedrängnissen geschützt. Aber Gott hat uns versprochen, dass er mit uns ist, in den Fluten und den Tiefen der Gewässer und wenn wir durchs Feuer gehen. Wenn wir nichts anderes mehr tun können und uns bewusst geworden ist, dass wir mit all unseren Fähigkeiten, Planungen und Möglichkeiten am Ende sind, können wir nur noch sagen: »Herr, ich will glauben, hilf meinem Unglauben.« Das ist mehr als genug, und ich glaube, dass er diesen Schrei beantworten wird.

Genau das wünsche ich dir in deinen Krisensituationen, in deiner Angst, in deiner Bedrängnis, in deinen Nöten. Das wünsche ich dir in deiner Familie. Ich wünsche dir, dass du in deinen Krisenzeiten auf die Knie gehen kannst vor diesem Gott, der dich erwartet und der dich erheben will. Ich weiß nicht, ob es dir mal aufgefallen ist, aber auch Gott wartet auf uns. Und das wahrscheinlich so viel länger als wir auf ihn. Ich glaube, dass jetzt die Zeit ist, nach Hause zu kommen. Nicht nur nach Hause in unsere vier Wände, nicht nur nach Hause auf die Couch, sondern wirklich nach Hause – dahin, wohin wir gerufen sind: in die Gegenwart Christi.

Ich glaube,
dass jetzt die Zeit ist,
nach Hause zu kommen.
Nicht nur nach Hause
in unsere vier Wände,
nicht nur nach Hause
auf die Couch,
sondern wirklich
nach Hause – dahin,
wohin wir gerufen sind:
in die Gegenwart Christi.

Glaube im Alltag

4

Wie passen Glaube und Alltag eigentlich zusammen? Wie verhalte ich mich, wenn ich gerade nicht in der Gemeinde bin? Wie lebe ich meinen Glauben von Montag bis Samstag?

Für mich ist mein Glaube nicht nur ein Teil, sondern das Fundament meines Lebens. Von ihm ausgehend handle und spreche ich. Mein Gegenüber spürt, wenn ich ihm aus meinem Glauben heraus begegne. Deswegen muss ich auch nicht jedes Gespräch mit: »Hi! Ich bin Jana und Jesus liebt dich!« beginnen – obwohl das natürlich wahr ist, denn ich *bin* Jana und Jesus *liebt* dich wirklich. Aber es ist nicht nötig, in jedem Gespräch über Gott und den eigenen Glauben zu reden. Mein Bruder muss zum Beispiel auch nicht jedem erzählen, dass er Sportler ist, man sieht es ihm einfach an. Er liebt Basketball. Genauso ist es mit dem Glauben. Als Christen sollten wir anders sein und einen Unterschied machen, sodass andere es merken.

Doch was kann dieser Unterschied sein? Es sind gar nicht immer die großen Aktionen. Glaube zeigt sich oftmals in den kleinen Dingen.

Es sind gar nicht immer die großen Aktionen. Glaube zeigt sich oftmals in den kleinen Dingen.

29

Ich kann meinem Gegenüber liebevoll und geduldig begegnen. Das wird mir nicht immer gelingen, aber ich will es dennoch versuchen. Vielleicht kennst du diese Situation, wenn in einer Gruppe über eine nicht anwesende Person negativ geredet wird. Wie verhalte ich mich da als Christ? Sage ich, dass ich das nicht gut finde? Verteidige ich den Menschen? Oder stimme ich wenigstens nicht mit ein? Ich will einen Unterschied machen in dieser Welt – ganz bewusst.

Ich kann anderen auch meine Hilfe anbieten, jemanden an der Supermarktkasse vorlassen. Das sind keine großen Dinge und wir müssen dabei nicht jedes Mal sagen: »Ich mache das, weil Jesus dich liebt!« Dahinter steht vielmehr eine Herzenshaltung, die nicht immer artikuliert werden muss. Eine Tat spricht manchmal Bände.

In der Bibel steht, dass wir alles so tun sollen, als sei es für den Herrn (vgl. Matthäus 25,40). Heißt das dann, dass ich für den Herrn einen Tee koche und den Müll rausbringe? Ich habe mir nie wirklich vorstellen können, dass Müllrausbringen und Teekochen etwas ist, das Gott gefällt. Als mich allerdings meine Mutter das letzte Mal gefragt hat, ob ich den Müll rausbringen könnte, fiel mir der Gedanke wieder ein, und mir wurde zum ersten Mal klar: Es geht nicht darum, ob ich den Müll rausbringe oder nicht. Es geht darum, dass ich meiner Mutter damit helfe und ihr etwas Gutes tue, weil ich sie liebe und damit ehren möchte. Deswegen bringe ich den Müll raus. Es sind die kleinen Dinge im Leben, die Taten, die sprechen.

Natürlich habe ich als Christin auch eine Geschichte zu erzählen. Warum glaube ich? Wie bin ich zum Glauben gekommen? Was bedeutet der Glaube in meinem Leben? Wenn mich jemand darauf anspricht und dafür offen ist, dann darf ich davon erzählen. Aber genauso ist es auch manchmal an der Zeit, dem anderen zuzuhören. Es gibt nicht *die* Lösung. Glaube fängt überall an und drückt sich auf ganz vielfältige Art und Weise, in verschiedenen Begegnungen und Aspekten aus. Keine Situation ist zu klein und keine zu groß, als dass wir nicht in Liebe und aus Glauben heraus handeln und einen Unterschied machen können.

Doch bei allem Wir-sollen-einen-Unterschied-Machen sollten wir uns auch nicht abgrenzen, so nach dem Motto: »Wir sind die Christen und wir sind supergut. Dort drüben, das sind die anderen und die sind es nicht.« Wer das sagt und dementsprechend handelt, der hat den Gedanken von Gemeinschaft und von Leben, Glauben und Teilen nicht verstanden. Glaube lädt und bezieht alle mit ein. Deswegen ist es wichtig, anderen zuzuhören und ihre Meinungen und Argumente stehen zu lassen. Vielleicht können wir sogar selbst etwas dazulernen, unsere eigene (Glaubens-)Überzeugung kritisch hinterfragen und gestärkt aus diesem konfrontativen Gespräch herausgehen.

Ich bin schon ziemlich lange Christin und trotzdem darf ich jeden Tag aus Begegnungen und Gesprächen lernen. So manches Partygespräch dreht sich um das Thema Gott und Glaube und da viele wissen, dass ich glaube, stellen sie mir Fragen dazu. Meistens entwickelt sich daraus eine durchaus konfrontative Runde, in der ich häufig in der Unterzahl bin – eine ganze Partyrunde gegen mich. Aber dieses »gegen« kann man umdrehen in ein Wir-unterhalten-uns-Miteinander. Wenn dieser Wandel im Gespräch entsteht, dann gehen alle da raus und haben etwas Neues gelernt.

Es wird immer wieder Situationen geben – auf einer Geburtstagsfeier, mit Freunden im Einkaufszentrum –, in denen das Gespräch auf Gott und Glaube kommt. In diesen Situationen, in denen wir vielleicht in der Unterzahl sind, in denen wir konfrontiert werden, geht es manchmal auch nur darum, standhaft zu bleiben. Wir können sagen: »Hey, das ist meine Meinung, das ist mein Gefühl. Vielleicht kannst du das nicht hundertprozentig nachvollziehen, aber cool, dass du es dir anhörst und so stehen lassen kannst.« So wie wir am Sonntag in der Gemeinde sind, so dürfen wir auch in einer Welt sein, die uns etwas entgegensetzt, und für das stehen, was wir glauben. Wir dürfen begreifen, dass nicht immer ein einziges Gespräch das Leben eines anderen verändert. Aber vielleicht ist es eins von vielen. Und wir können gar nicht erahnen, was alles davon in einem Menschen nachwirkt.

So wie wir am Sonntag in der Gemeinde sind, so dürfen wir auch in einer Welt sein, die uns etwas entgegensetzt, und für das stehen, was wir glauben.

Eine der Hauptaussagen des Neuen Testamentes ist: *»Liebe deinen Nächsten wie dich selbst« (Matthäus 22,39; NLB)*. Die Frage ist nur: »Wer ist dein Nächster?« Ganz einfach: Der, der dir am nächsten ist. Das kann dein Mitschüler sein, den du nicht mit auslachst, sondern vielleicht sogar verteidigst. Das kann die Frau an der Kasse sein, die du vorlässt, weil sie noch ihren Zug bekommen muss. Oder das kann deine Mutter sein, die dich bittet, den Müll rauszubringen. Du machst es, obwohl du keine Lust dazu hast, weil du sie liebst und ihr helfen möchtest. In all diesen kleinen Dingen praktizierst du aktiv Nächstenliebe und ehrst damit Gott.

Glaube im Alltag muss nicht immer eine große Sache sein – er kann es aber.

Gut genug

5

Wie sehr muss man eigentlich glauben? Ab welchem Punkt glaubt man überhaupt genug? Schon allein die Fragen gefallen mir nicht, denn die Antwort dazu ist: Glaube ist keine Leistung. Man kann sich nicht zu einem guten Christen hocharbeiten. Genauso ist man kein schlechter Christ, nur weil man das nicht tut. Die Bezeichnung »guter und schlechter Christ« sollten wir sowieso ganz schnell aus unserem Vokabular streichen. Warum? Weil wir alle Menschen sind und Fehler machen. Niemand von uns ist perfekt. Natürlich ist es schön, wenn wir uns bemühen, aber wenn wir der Ansicht sind, wir müssen auf bestimmte Weise handeln, um Gott zu gefallen, wird es zu einem Problem.

Zu sagen, ich helfe meinem Nächsten, damit Gott mich liebt, ist falsch. Diese Kausalität existiert so nicht. Gott sagt: »Du bist geliebt.« Das hast du dir nicht verdient und nicht erarbeitet, sondern es ist ein Geschenk. Aus dieser Sicherheit und Gewissheit heraus kannst du handeln.

Gott sagt: »Du bist geliebt.«
Das hast du dir nicht verdient
und nicht erarbeitet,
sondern es ist ein Geschenk.

Das heißt: Handle nicht aus der Überzeugung »Ich verhalte mich dem anderen gegenüber gut, damit Gott mich liebt« heraus, sondern aus der Gewissheit »Ich bin geliebt, also kann ich dich lieben und dir freundlich begegnen«. Es ist nicht deine Pflicht, jeden Sonntag in der Kirche zu sein. Du musst nicht dorthin gehen, um dich Christ nennen zu dürfen. Es tut uns gut und dient unserer Erbauung, wenn wir uns sonntags in der Gemeinde mit anderen Christen treffen und uns gegenseitig ermutigen und bestärken. Aber das ist nichts, wozu wir gezwungen werden, sondern etwas, das uns geschenkt wird.

Religion hat nichts mit Zwang zu tun, sondern verkörpert etwas, was ich tue – doch der Ursprung meiner Tat ist immer der Glaube. Ich kann zwar Religion ohne Glauben praktizieren, aber dahinter steht keine Liebe, und das ergibt für mich in meiner Beziehung zu Gott keinen Sinn.

Gott gibt mir keine Fleißpunkte für die Dinge, die ich nur deshalb tue, weil ich denke, dass sie gut sind. Ich kann mich mit meinen Taten nicht besser oder schlechter in seinen Augen machen, weil ich in seinen Augen immer gleich wertvoll und immer gleich geliebt bin. Wenn ich davon ausgehe, dass ich mir irgendetwas erarbeiten kann, dann habe ich das Prinzip der Gnade nicht verstanden. Jesus hat am Kreuz schon alles getan, als er sagte: »Es ist vollbracht« (Johannes 19,30b). Alles, was ich tun muss, ist dieses Geschenk, diese Gnade aktiv mit meinem Ja anzunehmen: »Ja, ich glaube.« Wenn ich mich dafür entschieden habe, dann erwächst aus diesem Glauben eine Tat, denn ein Glaube, dem keine Taten folgen, ist nicht lebendig (vgl. Jakobus 2,17).

Der springende Punkt ist, dass ich keine Taten vollbringen muss, um angenommen zu werden. Die Frage lautet nicht: »Was kann ich tun, um geliebt zu werden?«, sondern: »Da ich geliebt bin: Was kann ich jetzt für dich tun?«

Ich bin der Überzeugung, dass Glaube, eine persönliche Beziehung zu Gott und Kommunikation in diesem Zusammenhang wie Schlüssel sind. Ich erzähle Gott, was ich auf dem Herzen habe, was mich bewegt. Denn wenn ich jemanden liebe, dann ist es mir ein Anliegen, mit ihm im Gespräch zu sein und mein Herz zu teilen. Ich möchte in diese Beziehung Zeit, Energie und Kraft investieren. Genauso ist es für mich in meinem Glauben: Ich möchte mir dafür aktiv Zeit nehmen, mich hinsetzen und die Bibel lesen. Das ist keine Pflicht, sondern ein Geschenk: die Möglichkeit, mit dem Schöpfer höchstpersönlich im Gespräch zu sein und Beziehung mit ihm zu leben.

Ich muss nicht um fünf Uhr morgens aufstehen und die Bibel lesen. Nicht für jeden ist fünf Uhr die richtige Uhrzeit und nicht für jeden ist mit der Bibel in den Tag zu starten das Richtige. Manche müssen morgens erst einmal laufen gehen, der Nächste trinkt zuerst einen Kaffee und liest lieber um sechzehn Uhr in der Bibel. Für den einen sind Podcasts eine gute Möglichkeit, Glauben zu leben, der Nächste schaut sich gern YouTube-Videos zu Glaubensthemen an und wieder ein anderer führt gern persönliche Gespräche. Es gibt so viele Arten und Weisen, Zeit mit Gott zu verbringen. Wichtig ist nur, dass wir aktiv werden, um uns selbst zu stärken, am Ball zu bleiben und zu wissen, woher wir kommen und auf welchem Weg wir unterwegs sind.

Ich bin der Überzeugung, dass Glaube, eine persönliche Beziehung zu Gott und Kommunikation in diesem Zusammenhang wie Schlüssel sind.

Sowieso könnte niemand eine Frage wie »Glaube ich genug?« beantworten, denn kein Außenstehender kennt dein Herz. Wer schon mal verliebt war, weiß, dass das etwas ist, was man niemandem so genau erklären kann. Keiner kann dir von außen sagen »Jetzt denkst du genug an diese Person« oder »Jetzt denkst du aber noch nicht genug an sie«. Das ist etwas, was nur du empfindest, und nur du kannst merken: »Jetzt habe ich mich verliebt.« So ist es auch mit dem Glauben. Kein anderer kennt dein Herz so gut wie du. Dein Glaube und dein Ja zu Gott ist nicht ein Nein zu Zweifeln und einem Hinterfragen, sondern ein Ja dazu, sich mit Glaubensthemen auseinandersetzen zu wollen.

Dein Glaube und dein Ja zu Gott ist nicht ein Nein zu Zweifeln und einem Hinterfragen, sondern ein Ja dazu, sich mit Glaubensthemen auseinandersetzen zu wollen.

Das ist ein wichtiger Aspekt: Mit dem Glauben ist es wie mit der Liebe, die zunächst ein Gefühl mit Schmetterlingen im Bauch ist, bevor du eine Entscheidung für den anderen triffst. Ich habe mich für Gott entschieden, aber ich fühle nicht jeden Tag: »Yeah, Gott liebt mich!« Wenn sich alles nur um Gefühle drehen würde, wäre ich wahrscheinlich ganz oft schon wieder weggegangen, aber ich habe mich für Gott und meinen Glauben entschieden. Genauso habe ich mich dafür entschieden, an dieser Kommunikation zu arbeiten. Manchmal merke ich, dass ich mich zwei Wochen nicht mehr persönlich mit meinem Gott auseinandergesetzt habe. Wenn ich dann darüber nachdenke, wie es wäre, wenn sich mein Partner oder Freund in einer Beziehung zwei Wochen nicht melden würde, fällt mir auf, dass ich ziemlich sauer wäre. Vor allem, wenn der andere zudem erwarten würde, dass alles richtig gut läuft.

Glaube ist Arbeit, ist Investition an Zeit, Kraft und Energie. Aber so ist es in jeder guten Beziehung: Man trifft sich, verbringt Zeit miteinander, kommuniziert, hat Gemeinschaft und teilt Leben – genau das ist auch beim Glauben wichtig. Und der Gewinn ist das Größte, was es auf dieser Welt gibt: eine Beziehung mit dem lebendigen Gott, mit Schöpfer und himmlischen Vater.

Glaube ist Arbeit, ist Investition an Zeit, Kraft und Energie. Aber so ist es in jeder guten Beziehung: Man trifft sich, verbringt Zeit miteinander, kommuniziert, hat Gemeinschaft und teilt Leben.

Selbst- und Nächsten- liebe

6

D ie Bibel macht eine sehr klare Aussage zum Thema Selbst- und Nächstenliebe. Jesus ist dieses Thema sogar so wichtig, dass er es mit dem höchsten Gebot gleichsetzt:

»Du sollst den Herrn, deinen Gott, lieben von ganzem Herzen, von ganzer Seele und von ganzem Gemüt« (5. Mose 6,5). Dies ist das höchste und erste Gebot. Das andere aber ist dem gleich:»Du sollst deinen Nächsten lieben wie dich selbst« (3. Mose 19,18). Matthäus 22,37–39

Gott zu lieben, kann sich darin äußern, dass wir anderen dienen, dass wir uns zur Verfügung stellen und vielleicht eine Aufgabe übernehmen.

Ich habe zum Beispiel eine sehr gute Freundin, von der ich immer sage, dass sie ein »dienendes Herz« hat. Ich kenne wirklich niemanden, der mit so viel Hingabe für andere Menschen da ist. Ab und an unterhalten wir uns über dieses Thema, und ich finde es spannend, dass meine Freundin durchaus auch sagt:»Manchmal habe ich einfach überhaupt keine Lust und frage Gott dann, ob ich das jetzt wirklich machen muss. Dieser Mensch hat mir noch nichts Gutes getan. Warum soll ich trotzdem gut zu ihm sein?« Diese Aussage bringt mich zum Nachdenken: »Was heißt es, hingegeben zu sein? Von wem sagt Gott uns denn, dass er unser Nächster ist?« Diese Frage ist gar nicht so einfach zu beantworten. Ist mein Nächster mein Nachbar nebenan oder muss ich dafür nach Kambodscha fliegen und dort mit Kindern arbeiten? Wer ist mir mein Nächster?

Ich denke, jeder kann unser Nächster sein, aber ich bin überzeugt davon, dass Gott einem jeden von uns einen bestimmten Bereich aufs Herz legt und sagt: »Hier sollst du sein.« Wenn wir jedem, der in Not ist und uns begegnet, helfen, sind wir am Ende erschöpft und leer und haben nicht auf uns selbst geachtet. Vielmehr sollten wir Gott fragen: »Wo möchtest du mich mit meinen Gaben und Fähigkeiten haben? Wo soll ich mich investieren?« Die Aufforderung zum Dienst am Nächsten soll uns nicht überfordern. Jeder kann was anderes gut und jeder ist woanders richtig. Entscheidend ist, dass wir dort, wo wir sind, mit unserem ganzen Herzen und aus voller Überzeugung sind.

Entscheidend ist, dass wir dort, wo wir sind, mit unserem ganzen Herzen und aus voller Überzeugung sind.

Dem anderen zu dienen, darf allerdings nie heißen, dass ich mich selbst komplett aufopfere, sodass ich am Ende kaum noch Kraft habe.

Ich selbst bin, seit ich sechzehn Jahre alt bin, auf Bühnen unterwegs und darf ganz viel von dem, was ich geschenkt bekommen habe, mit anderen Menschen teilen. Doch es ist wichtig, dass man selbst eine Quelle hat, aus der man schöpfen kann, dass man Menschen hat, die man fragen kann, und Orte, an denen man auftanken kann. Jesus sagt im Johannesevangelium: »*Ich aber bringe Leben – und dies im Überfluss*« *(Johannes 10,10; HFA).*

Wenn wir uns vorstellen, dass wir ein Gefäß sind, dann geht es nicht darum, dass wir den letzten Tropfen, den wir noch haben, den anderen geben, sondern im Gegenteil: Es soll überfließen. Von mir zu dir. Oder von dir zu anderen. Das heißt: Wir haben mehr als genug und davon fließt es zu anderen über. Dienst ist keine Aufopferung und keine schwere Last. Gottes Ruf zu folgen und auf seinen Wegen zu laufen, ist nicht etwas, was uns selbst kleiner macht, als wir sind, sondern uns aufblühen lässt. Das sollten wir uns immer wieder bewusst machen und uns Zeit zum Auftanken nehmen. Wir sollten es nicht nur, wir müssen es sogar. Ein Auto zum Beispiel kann nicht unbegrenzt weiterfahren, es muss nach einer gewissen Strecke wieder zu einer Tankstelle kommen. Auch wir können nicht mit leerem Tank – geistlich, körperlich oder seelisch ausgelaugt – endlos weitermachen.

Jesu Gebot bleibt nicht bei »*Du sollst deinen Nächsten lieben*« stehen. Stattdessen geht es weiter. Da steht kein Punkt, sondern: »*Du sollst deinen Nächsten lieben wie dich selbst.*« Was aber heißt eigentlich, mich selbst zu lieben? Es ist ein schmaler Grat zwischen »Ich liebe mich selbst, so wie die Bibel das sagt« und »Ich bin selbstverliebt«. Es geht nicht darum, dass jeder von uns sich selbst absolut großartig finden soll.

Sich selbst zu lieben, heißt nicht, immer zu sagen: »Ich bin toll und ich kann alles.« Wir sollen keine Narzissten sein. Ich muss mich nicht die ganze Zeit nur um mich selbst drehen und fragen: »Bin ich genug?«, sondern ich darf mich genauso, wie Gott mich gemacht und gedacht hat, geliebt wissen. Aus dieser Sicherheit heraus kann ich jemand anderem zum Nächsten werden. In meiner Tat suche ich keine Bestätigung, sondern ich weiß, dass ich geliebt bin, und aus dieser Liebe heraus liebe ich den anderen.

Ich darf mich genauso, wie Gott mich gemacht und gedacht hat, geliebt wissen. Aus dieser Sicherheit heraus kann ich jemand anderem zum Nächsten werden.

Sich selbst zu lieben, hat etwas damit zu tun, sich anzunehmen und zu akzeptieren, so wie man vom Schöpfer gemacht ist. Wir sind Geschöpfe Gottes und er hat uns so erschaffen, wie es seinem Plan entsprach. Das dürfen wir als Geschenk annehmen. Wir dürfen uns geliebt wissen.

Natürlich wollen vermutlich die meisten Menschen gut aussehen. Auch mir ist mein Aussehen nicht völlig egal. Ich gehe gern trainieren und mag die Ästhetik eines durchtrainierten Körpers. Der Punkt ist aber: Für wen trainiere ich? Für wen schminke ich mich? Für wen ziehe ich dieses oder jenes an? Und: Was heißt überhaupt »gut aussehen«? Was für den einen Menschen passend ist, kann bei dem anderen völlig unpassend wirken. Das Thema Schönheit ist ein sehr subjektives.

Darüber hinaus geht es hier noch um eine tiefere Dimension. Sich selbst zu lieben, heißt, auf sich selbst zu achten, weil unser Körper ein Tempel des Heiligen Geistes ist (vgl. 1. Korinther 6,19). Insofern sollten wir gut mit uns und unserem Körper umgehen und zum Beispiel Sport machen und uns gesund ernähren – ihm zur Ehre. Unser Körper soll ein Zuhause sein, in dem Gott sich wohlfühlt. Es geht hier nicht darum, jeden Trend mitzumachen und den gängigen Schönheitsidealen hinterherzurennen, sondern um ein gutes und gesundes Sich-um-seinen-Körper-Sorgen. Denn der Mensch besteht aus drei Teilen: Seele, Geist und Körper. Wenn einer davon krank ist, dann ist der ganze Mensch krank.

Schwierig ist es, wenn jemand etwas an einem anderen anprangert, nur weil es ihm selbst nicht gefällt. Das ist unreflektiert und hilft niemandem. Schon der kleine Klopfer aus Bambi wusste: »Wenn man nichts Nettes zu sagen hat, soll man den Mund halten.«[1] Und hier sind wir wieder bei der Selbst- und Nächstenliebe. »Du sollst deinen Nächsten lieben wie dich selbst.«

Ich persönlich kann an dieser Stelle von meiner Augenbrauen-Thematik erzählen. Ebenso wie ich gefühlt schon jede Frisur hatte –

kurz, lang, rot, braun, lila, name-it-I've-tried – habe ich auch schon vieles mit meinen Augenbrauen ausprobiert. Nun sind sie, wie sie sind – und ich mag sie. Ob sie jemand anderem gefallen, ist absolut irrelevant. Aber manche Menschen haben scheinbar das Gefühl, sie müssten dazu einen Kommentar abgeben. Einigen gefallen sie und andere finden sie total doof. Ich denke mir in solchen Momenten: »Ernsthaft? Warum tangieren euch meine Augenbrauen? Eure subjektive Meinung ändert meine subjektive Meinung nicht.« Die Frage ist aber: »Was ist der Zweck hinter einem solchen Augenbrauen-Kommentar?« Ist er ein Kompliment, das mich erbauen möchte, ein Tipp, der mir helfen könnte, oder lediglich das Äußern einer Meinung, die verletzten möchte?

Jeder von uns sollte vor dem Sprechen darüber nachdenken, was die eigene Aussage bei dem anderen bewirkt und hinterlässt. Ich persönlich möchte nicht wie eine Lehrerin sein, die ihrem Schüler immer gesagt hat, dass er dumm ist und aus ihm nichts wird, oder wie der Typ, der das Mädchen fett genannt hat. Menschen beginnen, das zu glauben. Ich möchte diejenige sein, von der abends zu Hause erzählt wird: »Hey Mama, mich hat heute eine im Zug angesprochen, um mir zu sagen, dass ihr meine Haare gefallen.« Auch mit netten und erbauenden Worten, mit Komplimenten, können wir unserem Nächsten dienen.

Wenn wir jemandem ein Lächeln aufs Gesicht zaubern können, dann lasst uns das doch tun. Genauso: Wenn uns etwas nicht gefällt, dann lasst uns doch einfach darüber freuen, dass Geschmäcker verschieden sind. Auch Menschen sind verschieden und wir sollten uns darüber bewusst sein, dass Schönheit nicht nur im Auge des Betrachters, sondern auch im Herzen eines Menschen liegt.

In der Bibel steht hierzu: »*Ein Mensch sieht, was vor Augen ist; der HERR aber sieht das Herz an*« *(1. Samuel 16,7b)*. Vielleicht ist Schönheit wirklich mehr als das, was wir sehen. In meinen Augen wurden manche Menschen aus meinem Umfeld erst dann richtig schön, als ich begonnen habe, mit ihnen zu reden, ihnen zuzuhören und dabei zuzusehen, wie sie Schönes tun. Für mich gibt es nichts Schöneres als das Funkeln in den Augen eines Menschen, wenn er über etwas spricht, was ihn wirklich begeistert und mit Leidenschaft erfüllt. Nie ist ein Mensch für mich schöner als in diesem Moment – und zwar völlig unabhängig davon, wie er aussieht.

Für mich gibt es nichts Schöneres als das Funkeln in den Augen eines Menschen, wenn er über etwas spricht, was ihn wirklich begeistert und mit Leidenschaft erfüllt. Nie ist ein Mensch für mich schöner als in diesem Moment – und zwar völlig unabhängig davon, wie er aussieht.

Was Freundschaft schafft

7

Freundschaft ist ein wirklich lebenswichtiges Thema. Sicherlich könnte man auch ohne Freunde auskommen, aber das Leben wäre längst nicht so schön. Eine Sache gemeinsam mit jemand anderem zu erleben, kann sie noch viel schöner machen. Ich war zum Beispiel schon oft allein auf Reisen. Doch immer, wenn ich irgendwelche Berge hochgekraxelt bin und von oben eine atemberaubende Aussicht hatte, dachte ich mir: »Das ist so schön, aber wie schön wäre es jetzt, wenn ich mich nach links oder rechts umdrehen und in das Gesicht von jemandem gucken würde, der das auch schön findet.« In solchen Momenten kann sich Bewunderung und Freude multiplizieren, und das genieße ich persönlich sehr.

Sicherlich könnte man auch ohne Freunde auskommen, aber das Leben wäre längst nicht so schön.

Es gibt tatsächlich Leute, die haben noch immer ihre Kindergartenfreunde. Es gibt aber auch Menschen, die sagen: »Mit den Leuten von früher habe ich überhaupt nichts mehr zu tun.« Offensichtlich hält nicht jede Freundschaft für immer. Warum ist das so? Und: Ist das überhaupt schlimm?

49

Folgendes Bild kann vielleicht ein wenig Licht ins Dunkel bringen, wenn es um das Thema Freundschaft geht, auch wenn es an der einen oder anderen Stelle ein wenig hinkt.

Stell dir mal vor, das Leben wäre ein Lauf auf dem Sportplatz. Wir alle laufen in den gleichen Bahnen, eine Runde nach der anderen, immer im Kreis. Irgendwann kommt jemand an deine Seite und läuft in deinem Tempo neben dir her. Für mich ist eine Freundschaft wie eine stille oder manchmal auch ausgesprochene Übereinkunft: »Wir laufen jetzt eine Zeit lang gemeinsam im gleichen Tempo, wir begleiten uns auf einer Strecke.« Freundschaft bedeutet aber gleichzeitig, den anderen weiterziehen zu lassen, wenn er gerade Rückenwind bekommen hat, und zu sagen: »Vielleicht bekomme ich in einem anderen Moment Antrieb und hole dich wieder ein. Vielleicht überrundest du mich dabei ja sogar, und wir sehen uns so später wieder.«

Ich hatte schon viele Weggefährten in meinem Leben, die mich für eine bestimmte Zeit lang begleitet haben. Wir sind gemeinsam richtig coole, sehr unterhaltsame Runden gelaufen. Laufen kann zwar, um in dem Bild zu bleiben, auch ziemlich langweilig sein, aber wenn du jemanden hast, mit dem du dich gut dabei unterhältst, wird das Ganze spaßiger und schöner. Von manchen meiner Wegbegleiter weiß ich, dass sie immer noch auf dieser Laufbahn sind, nun aber vielleicht auf der anderen Seite, sodass wir uns zuwinken können. Aber jeder von uns weiß: Der andere ist da. Manchmal feuere ich auch jemanden an, der an mir vorbeiläuft, oder mache ihm Mut. Das ist ein richtig schönes Bild, weil es zeigt, was Freundschaft sein kann. Gleichzeitig macht es aber auch deutlich, dass es okay ist, wenn jemand in seinem eigenen Tempo unterwegs ist und auf sein eigenes Ziel hin zuläuft.

Ich bin viele Runden mit wundervollen Menschen gelaufen, denen ich noch heute voller Freude zuwinke, ihnen beim Laufen zusehe oder sie anfeuere. Ich höre immer wieder gespannt zu, wenn sie erzählen, wie es ihnen ergangen ist, auch wenn wir nicht mehr zusammen laufen – und das ist in Ordnung. Gerade als junger Mensch darf man sein eigenes Tempo und seinen eigenen Laufstil noch finden.

Die Ehe ist unter den Freundschaften etwas ganz Besonderes: Sie ist für mich die Entscheidung, für den Rest des Lebens gemeinsam zu laufen. Bis dahin hatte vielleicht jeder sein individuelles Ziel, seinen eigenen Anspruch und seine eigenen Gedanken, doch nun werden zwei Menschen, bildlich gesprochen, aneinandergekettet. Wenn dem einen das Laufen schwerfällt, läuft der andere entweder gemeinsam mit ihm langsamer oder er trägt ihn. Als Team haben sie ein Tempo und einen Schritt.

Natürlich kann man allein meistens schneller laufen, aber es kann auch ziemlich einsam sein. Dann ist es besser, sich ab und an mal umzuschauen, um zu sehen, welche Gruppe sich bereits hinter einem gebildet hat. Vielleicht kann man sich ihr ja anschließen, auch wenn es nicht ganz dem eigenen Tempo entspricht. In Gemeinschaft zu laufen, macht so viel mehr Spaß, weil man das Leben und die Geschichten, die es schreibt, miteinander teilt. Wird einer in der Gruppe müde, kann der Rest des Teams ihn anfeuern und sagen: »Hey, mach doch weiter, lauf noch die nächste Runde mit uns. Und die nächste …«

Ich glaube, diese Einbettung in Gemeinschaft tut gut – sowohl in den Phasen, in denen wir alle schnell laufen, als auch in den Phasen, in denen einer mal ein bisschen angefeuert werden muss. Dieses Lauf-Bild mit all seinen Lücken und Fehlern beschreibt für mich wirklich gut, was ich mir unter Freundschaft vorstelle.

Die Einbettung in Gemeinschaft tut gut – sowohl in den Phasen, in denen wir alle schnell laufen, als auch in den Phasen, in denen einer mal ein bisschen angefeuert werden muss.

Ein ganz konkretes Freundschaftsbeispiel ist für mich Kati. Kati hat ganz viel damit zu tun, dass ich damals zum Poetry-Slam gekommen bin. Wir hatten gemeinsam eine sehr intensive und tolle Zeit, in der wir uns fast jeden Tag gesehen haben, zusammen ins Fitnessstudio gegangen oder zu Roadtrips aufgebrochen sind. Mit Kati hatte ich viele gute Gespräche. Mittlerweile ist sie verheiratet und weggezogen, wir teilen nicht mehr das Leben und den Alltag. Und doch hatte ich eine ganz besondere Freundschaft, bin intensive Runden mit dieser wundervollen Frau gelaufen und das ist eine so schöne Erinnerung, für die ich dankbar bin. Unsere gemeinsame Zukunft sieht anders aus als die Vergangenheit, aber dieses Anders ist auch gut. Jedes Mal, wenn wir uns zuwinken oder sich unsere Wege kreuzen, freue ich mich von ganzem Herzen.

Es gibt drei Eigenschaften, die für mich in einer Freundschaft am wichtigsten sind und die ich am meisten schätze. Da ist zum einen die Loyalität. Sie ist der Grundstein von Vertrauen. Man muss sich in einer Freundschaft gegenseitig vertrauen und aufeinander verlassen können. Loyalität meint auch Treue. Die verspricht man sich vor dem Altar sogar, »bis dass der Tod uns scheidet«.

Die zweite Eigenschaft ist die Fähigkeit, sich mit dem anderen und für den anderen zu freuen. Das klingt vielleicht leicht, ist es aber nicht. Sicher: Wenn jemand einen Bootsführerschein gemacht hat, du aber eine echte Landratte bist, dann fällt es dir vermutlich leicht, zu sagen: »Cool, ich habe zwar überhaupt kein Interesse daran, aber ich freue mich für dich.« Wenn jemand eine Prüfung bestanden hat, durch die du durchgefallen bist, ist es für dich wahrscheinlich deutlich schwerer, dich für diese Person trotzdem von ganzem Herzen zu freuen. Und dennoch ist es ein fundamentaler Teil von Freundschaft, denn es zeigt ein Herz, das durch und durch für den anderen ist.

Zu guter Letzt ist es mir wichtig, dass eine Freundschaft bereichernd ist und mich als Person weiterbringt, egal ob in sportlicher, musikalischer, geistiger oder mentaler Hinsicht. Ich bin gern mit Menschen zusammen, die mich in irgendeinem dieser Aspekte inspirieren und dazu motivieren, besser zu werden. Gleichzeitig hoffe ich, dass ich in einem anderen Bereich ein solcher Mensch für meine Freunde sein kann. Bei »besser« denke ich nicht unbedingt an eine Leistung, die messbar ist – im Gegenteil. Ich bin zum Beispiel ein Mensch, der sehr viel arbeitet, und ich schätze es ungemein, wenn nach einem langen Lerntag jemand zu mir kommt und sagt: »Hey, cool, dass du den ganzen Tag gelernt hast, aber jetzt ist Zeit, eine Runde spazieren zu gehen und gemeinsam zu kochen.« Dieser Mensch strahlt Ruhe aus und hat die Fähigkeit, seine Ruhe mit mir zu teilen. Ich habe diese Fähigkeit nicht und kann in diesem Aspekt von dem anderen lernen. Freundschaften sind dynamisch, sie bringen uns immer irgendwohin, und ich bin wirklich dankbar für die Menschen, die mein Leben begleitet haben, noch begleiten werden und gerade mit mir gemeinsam laufen.

Was schätzt du an deinen Freunden? Wem bist du ein Freund? Am besten schreibst du diesen Menschen gleich eine Nachricht, in der du ihnen sagst, wie sehr du sie magst. Das machen wir alle nämlich viel zu selten.

DREI GRUNDSTEINE DER FREUNDSCHAFT:

1) Loyalität und Vertrauen

—

2) Sich mit dem anderen und für den anderen zu freuen

—

3) Sich gegenseitig weiterbringen

Vom Dürfen, Sollen und Wollen

8

Immer wieder höre ich, dass man als Christ bestimmte Dinge nicht darf: tätowiert sein, tanzen gehen, als Frau kurze Haare haben oder Hosen statt Röcke tragen. Generell scheint für Christen alles verboten zu sein, was irgendwie Spaß machen könnte. Wenn ich all diese Aussagen betrachte, dann hört sich Glaube, Religion oder Christsein für mich ziemlich unattraktiv an. Warum sollte ich Christin sein wollen, wenn mir so vieles, was ich tun möchte, verboten wird?

Ich glaube, dass es nicht die genannten Punkte sind, die entscheidend sind. Es geht vielmehr um die fundamentalen Fragen des Glaubens wie »Wer ist Jesus für uns?«, »Wie verändert die Bibel unser Leben?« oder »Wie beeinflusst der Glaube unsere Lebensentscheidungen?«. Das sind die Fragen, auf die es Antworten zu finden gilt. Alles andere – ob jemand tätowiert ist, ob er seine Haare kurz, lang, blau oder grün trägt, ob er tanzen gehen möchte oder nicht – sind keine fundamenttragenden Themen.

Allerdings sollten wir uns bewusst machen, dass wir als Christen für unsere Religion repräsentative Funktionen erfüllen – so wie jemand, der im öffentlichen Dienst arbeitet, zum Beispiel bei der Polizei oder bei der Bundeswehr. Sobald jemand eine Uniform trägt, steht er für etwas und darf in der Öffentlichkeit bestimmte Dinge nicht tun. Warum? Weil die Handlungen und das Verhalten sofort auf den Arbeitgeber zurückfallen. Genauso ist es bei uns Christen. Wir können nicht sagen, dass wir dafür stehen, dass Jesus uns liebt und wir unsere Mitmenschen lieben, und diese gleichzeitig mit Worten bespucken. Die Menschen um uns herum nehmen diese Diskrepanz wahr.

Ein Beispiel: Mein YouTube-Kanal »Jana« war ein Kanal der evangelischen Kirche. Das weiß jeder. Mein Gesicht war das Gesicht zu diesem Kanal. Das weiß auch fast jeder. Dieser Zusammenhang ist also klar und offensichtlich. Mal angenommen, ich hätte jeden Samstag betrunken vor einem Klub gelegen. Hätten meine Follower oder mein Team das gut gefunden? Nein. Aber der Knackpunkt ist: Es hat mir auch niemand verboten. Es gab keine festgeschriebene Regel, die mir sagte: »Jana, du darfst nicht jeden Samstag besoffen vor dem Klub liegen!« Es ist vielmehr so: Wenn ich Christin bin, meinen Gott liebe und ihn mit meinem Leben ehren will, dann habe ich einen inneren Antrieb, das nicht zu tun. Das ist der springende Punkt: Es ist keine äußere Instanz, die mir sagt, dass ich etwas nicht darf, sondern eine innere Haltung, die das nicht will und dafür anderes bejaht.

In einem Text, den ich mal geschrieben habe, geht es genau um diese Spannung:

Und manchmal scheint's,
als würden Christen in ihrer Jugend was verpassen,
als müssten wir von all dem Spaß die Finger lassen,
als wäre uns nichts erlaubt.
Und Gott selbst ist's, der uns die Freiheit raubt,
doch Mensch, du darfst alles tun, was dir gefällt,
kannst nach allem suchen, was dich hält.
Du bist frei in dem, was du tust.
Alles ist erlaubt, doch nicht alles ist gut.[2]

In diesem Text nehme ich Bezug auf einen Vers, der im ersten Korintherbrief steht:

Ihr sagt: »Mir ist alles erlaubt!«
Mag sein, aber nicht alles ist gut für euch.
Alles ist mir erlaubt; aber das darf nicht dazu führen,
dass ich meine Freiheit an irgendetwas verliere.
1. Korinther 6,12; GNB

In einem anderen Vers heißt es: »*Prüft aber alles und das Gute behaltet*« *(1. Thessalonicher 5,21)*. Dieser Satz kann uns wirklich freisetzen, denn zum Prüfen gehört, dass wir für uns persönlich feststellen: »Okay, das möchte ich nicht. Das ist nicht gut für mich.« Aber auch: »Das kann ich mit mir und meinem Gott vereinbaren.«

Prüfen erlaubt uns, die eigenen Grenzen zu erkennen. Es ist ein Prozess, der uns in die Position bringt, zu sagen: »Das ist meine Grenze.« Es gibt auch Grenzen, die wir nicht selbst zu definieren haben, zum Beispiel die Gesetze der Bundesrepublik Deutschland. Hier aber geht es um innere moralische Werte, und die sind etwas Persönliches. Um diese Grenzen abzustecken, müssen wir uns auf die Suche begeben, Dinge prüfen und sehr wahrscheinlich werden wir dabei Fehler machen.

Um Grenzen abzustecken, müssen wir uns auf die Suche begeben, Dinge prüfen und Fehler machen.

Als ich zum Beispiel mit fünfzehn Jahren den Abschluss der zehnten Klasse gefeiert habe, war ich um 22.30 Uhr komplett betrunken. Das ist nichts, worauf ich stolz bin. Aber, und das ist ein wichtiger Aspekt: Es ist auch nichts, wofür ich in Scham versinke. Natürlich bin ich am nächsten Morgen aufgewacht und habe gedacht: »Das war überhaupt nicht gut.« Ich habe meine eigene Grenze überschritten, weil ich bis dahin nicht wusste, wo diese verläuft. Nachdem ich die Erfahrung gemacht hatte und wusste, wie viel ich vertrage – oder auch nicht –, war mir klar, dass das nicht gut für mich ist und ich in eine solche Situation nicht noch mal kommen möchte.

Gleichzeitig habe ich mich gefragt, was Gott jetzt wohl über mich denkt. Damals bin ich zu dem Schluss gekommen, dass Scham bezüglich meiner Verfehlungen genau der Punkt ist, an dem ich angreifbar bin. Aber diese Scham, diese Verfehlung, liegt längst vor dem Kreuz. Ich bin mir sicher, dass Gott mich mit den gleichen liebevollen Augen angesehen hat wie am Tag zuvor, und dass ich diese Gnade annehmen darf, von der mir immer erzählt wird.

Wenn ich mir vorstelle, dass ich aus lauter Angst vor Fehlern in meinem Zimmer sitze, keine Grenzen überschreite und diese so auch nicht kennenlerne, dann könnte ich meinen, gar keine Gnade zu brauchen. Und das ist ein selbstgerechter Trugschluss.

Die Suche nach Grenzen ist selbstverständlich kein Freibrief dafür, die ganze Zeit irgendwelchen Quatsch zu machen. Aber es ist die Freiheit, zu sagen, dass ich nicht verurteilt bin. Gott kennt meinen Namen. Ich bin geliebt. Ich bin berufen. Ich bin aufgefangen und angenommen in all meiner Unperfektheit. Durch diese Erfahrung habe ich gelernt, was ich nicht will und was ich stattdessen möchte, nämlich mit meinem Leben meinen Herrn ehren. Für mich persönlich gilt: Ich kann das nicht, wenn ich mich auf Partys komplett betrinke. Aber wenn es doch mal passieren sollte, bade ich nicht in Verurteilung, sondern in Gnade.

Meine Eltern haben mir immer gesagt:

Jana, du darfst alles tun, darin bist du frei. Aber wisse, dass du dich für alles, was du tust, vor dir, deinem Umfeld und vor deinem Gott verantworten musst. Du trägst die Verantwortung für das, was du sagt und wie du handelst. Und tue nichts, was du uns nicht erzählen könntest.

Mich hat das freigesetzt, denn ich wusste: Ich darf alles tun, aber wenn ich das Gefühl habe, ich muss es für mich behalten, dann weiß ich auch, dass das nicht gut ist. Also sollte ich es nicht tun. Mir hat das viel im Leben erspart.

Freiheit bedeutet für mich: Ich darf mich entscheiden – für und gegen Dinge. Ich darf mich gegen Dinge entscheiden, die ich nicht möchte, und für Dinge, von denen ich glaube, dass sie mir keinen Abbruch tun oder die durch die Freude, die sie in meinem Herzen auslösen, sogar Gott ehren. Ich bin zum Beispiel gern mal bis zum Morgengrauen wach und habe gute Gespräche oder tanze unter dem Sternenhimmel. Das sind Momente, in denen ich mich nah bei Gott fühle. Er hat diese Liebe zum Tanzen in mich hineingelegt. Ich glaube, wenn ich mich von Herzen freue, dann freut er sich mit mir.

Freiheit bedeutet für mich: Ich darf mich entscheiden – für und gegen Dinge.

Ich habe auch nichts gegen Sauna. Manche sagen, dass sie es schwierig finden, sich dort nackt zu zeigen, aber mich macht die Situation in der Sauna nicht unfrei, ich denke dort nicht an Dinge, die nicht in meinen Kopf gehören. Ich bin unverheiratet und ich bin Jungfrau. Dieser Zusammenhang zeigt meine tiefste innere Überzeugung von Reinheit. Sexuelle Erfahrungen waren nie und sind keine Problematik in meinem Leben. Wenn das bei dir aber anders ist, du darum weißt und du deswegen das Gefühl hast, nicht in die Sauna gehen zu können, dann ist das deine persönliche Einstellung und die ist völlig in Ordnung. Gleichzeitig sollten wir uns alle davor hüten, unsere eigenen Ängste, Sorgen und Entscheidungen bezüglich eines Themas auf das Leben eines anderen zu übertragen, der sich hier vielleicht schon viele Gedanken gemacht hat und zu einem anderen Schluss gekommen ist.

Mein Herzenswunsch in alldem ist es, dass ich mit meinem Leben Gott ehre. Es gibt Dinge, gegen die ich mich entschieden habe, von denen ich glaube, dass sie zwar erlaubt sind, die mir aber nicht guttun. Bei anderen Dingen, die ich für mich gutheiße, würden andere vielleicht sagen: »Jana, das darfst du auf gar keinen Fall machen als Christin.« Aber ich habe für mich entschieden, dass sie mir erlaubt und gut für mich sind, dass sie mir nicht schaden. Vielleicht entscheide ich mich in ein paar Jahren auch für neue und gegen andere Dinge, wachse weiter und lerne dazu. In allem aber bin ich überzeugt: »[...] wo der Geist des Herrn ist, da ist Freiheit« (2. Korinther 3,17; GNB).

Mein Herzenswunsch in alldem ist es, dass ich mit meinem Leben Gott ehre.

[...]
wo der Geist
des Herrn ist, da
ist Freiheit.

†

(2. KORINTHER 3,17; GNB)

Horizont-
erweiterung

9

Unterschiedliche Meinungen – das ist wirklich ein nervenaufreibendes Thema, wie ich finde. Können Meinungen überhaupt koexistieren? Wie können wir Meinungen anderer aushalten und respektvoll miteinander umgehen? Wofür stehen *wir* eigentlich und was genau ist dafür unser Fundament?

Ich habe den Eindruck, dass wir verlernt haben, zu diskutieren. Wenn ich mir hin und wieder Talkshows ansehe, dann hat die Mehrzahl aller Gäste dort meistens einen festen Standpunkt. Es geht gar nicht mehr um ein Gespräch, sondern alle warten darauf, dranzukommen, um ihre Argumente vorzubringen – ohne auf die anderen einzugehen. Ich frage mich, warum man den Argumenten der anderen nicht Raum geben kann, um danach aus der eigenen Perspektive zu erläutern, warum man etwas anders sieht. Solche Gespräche, wie sie mir da präsentiert werden, sind nicht lösungsorientiert, sondern vielmehr eine Unterhaltung auf der Basis: »Wir werden uns niemals einig – und hätten am liebsten alle recht.« Schön wäre aber doch ein Austausch, ein Gespräch, in dem man den eigenen Horizont um den des anderen erweitert. Zu oft geht es aber nur darum, die Sichtweise und Meinung des anderen als falsch darzustellen, und nicht darum, den eigenen Standpunkt zu teilen. Hauptsache gegen den anderen. Das ist für mich keine Gesprächsbasis.

Schön wäre ein Austausch, ein Gespräch, in dem man den eigenen Horizont um den des anderen erweitert.

Ich rede zum Beispiel auf den Social-Media-Kanälen über meinen Glauben. Ich schäme mich nicht dafür. Aber wenn man sagt »Ich stehe genau dafür«, dann hat man immer Menschen, die für einen sind und die gegen einen sind. Wenn Menschen unter meine Videos in einem Kommentar schreiben, dass ich dumm bin und mein Glaube eine Psychose sei, dann ist das nicht konstruktiv und dementsprechend auch keine Basis, auf der ich mich unterhalten möchte. Es kann nicht das Ziel einer Diskussion sein, aus dieser herauszugehen und sich einig zu sein. Wäre es nicht viel interessanter und spannender, einmal ernsthaft zu versuchen, nachzuvollziehen, warum der andere diesen einen Punkt anders sieht? Vielleicht müsste man, um das zu schaffen, Meinungen einfach aushalten können und beginnen, zu akzeptieren, dass Menschen Dinge anders sehen. Andersartigkeit muss uns nicht spalten. Kann schon sein, dass wir niemals übereinkommen, aber warum ist das denn nicht okay?

Andersartigkeit muss uns nicht spalten. Kann schon sein, dass wir niemals übereinkommen, aber warum ist das denn nicht okay?

Meinungen bilden sich mit der Zeit, mit den Erfahrungen und Erlebnissen, die wir machen. Sie sind nicht plötzlich da, sondern werden von unserem Umfeld, von unserer Familie und unseren Freunden geprägt. Ich habe zum Beispiel einen Freund, der in vielen Punkten ganz anderer Meinung ist als ich, aber die Gespräche mit ihm eröffnen uns beiden immer wieder ganz neue Perspektiven und Sichtweisen. Dies empfinden wir beide als bereichernd, wenn auch als anstrengend. Genau das ist auch der Punkt: Verschiedene Meinung sind nicht immer bequem, aber man lebt dadurch auch nicht nur in der eigenen komfortablen Blubberblase.

Beim Thema Meinungen ist vieles kontextabhängig. Im Beruf ist es beispielsweise wichtig, dass man teamfähig ist und kooperieren kann. Da kann nicht jeder immer auf seiner Meinung beharren, das würde nirgendwo hinführen und wäre nicht effizient. Nur weil einem Maler das Grün nicht gefällt, das er da an die Wand bringen soll, heißt das nicht, dass das relevant ist. Er hat ja einen Auftrag und was zählt, ist hier die Meinung und der Wunsch des Kunden. Dennoch sollte jeder Mensch etwas haben, in dem er beharrlich ist, etwas, in dem er kompromisslos ist.

In meinem Fall betrifft dies das Thema Beziehung. Ich bin bei etlichen Dingen und Aspekten kompromissbereit, und in vielen Freundschaften ist das bei bestimmten Themen auch nötig, aber in einer Sache mache ich keine Kompromisse. Für mich muss jegliche Beziehung zwischenmenschlicher Art auf zwei großen Bausteinen basieren: Liebe zueinander und Respekt voreinander. Wenn jemand nicht respektvoll mit mir umgeht, egal ob mit seinem Verhalten oder seiner Wortwahl, dann drehe ich mich auf meinem Absatz um und bin weg. Hier mache ich keine Kompromisse, und wenn jemand nicht bereit ist, meine Kompromisslosigkeit an diesem Punkt als Basis und Grundvoraussetzung stehen zu lassen, dann kann ich mit dieser Person keine Beziehung jeglicher Art eingehen.

Doch wie geht man damit um, wenn fremde Menschen, denen es nicht um den Aufbau einer zwischenmenschlichen Beziehung geht, einen provozieren und beleidigen? Wie verhalte ich mich, wenn mich jemand anpöbelt? Auf der Straße oder auch über Social Media?

Ein Erlebnis ist mir hier sehr eindrücklich im Gedächtnis geblieben. Ich war mit meiner Mama im Urlaub. Auf unserem Weg nach Hause hatte unser Zug Verspätung und wir strandeten nachts in Köln am Hauptbahnhof. Das ist um diese Uhrzeit nicht wirklich der place to be, vor allem nicht für zwei Frauen. Wir haben meinen Papa angerufen, damit er uns abholt und dort auf ihn gewartet. Als wir einige Zeit später mit ihm zusammen zum Auto gegangen sind, haben uns an einer Ampel einige Männer umzingelt und von der Seite angepöbelt und beleidigt. Und was hat mein Vater gemacht? Nichts. Wir standen an dieser Ampel, haben gewartet, bis es Grün wurde, und sind rübergegangen. Auf der Rückfahrt habe ich meinen Papa gefragt: »Warum hast du nichts gemacht? Warum hast du nichts gesagt?« Seine Antwort war: »Jana, ich habe nicht nichts gemacht.« Das musste ich erst einmal sacken lassen. Zuerst habe ich nicht verstanden, was er meinte, doch er hat es mir erklärt: »Jana, in der Bergpredigt steht: »*Wehrt euch nicht, wenn euch jemand Böses tut! Wer euch auf die rechte Wange schlägt, dem haltet auch die andere hin*« (*Matthäus 5,38; NLB*).

Diese Antwort hat mich verwirrt. Das, was an der Ampel geschehen war, war doch kein Kampf, niemand wurde geschlagen. Es war eine verbale Auseinandersetzung. Wieso dann dieser Vers? Aber mir wurde klar, dass es in dieser Bibelstelle darum geht, gewaltfrei Widerstand zu leisten, und nicht darum, eine Opferrolle einzunehmen.

Mein Vater hat nicht nichts getan, sondern er hat nicht reagiert. Er hat weder aktiv Gewalt angewendet und ist auf die Menschen losgegangen, noch hat er sich verbal gewehrt. Er war da, er war präsent. Er war sich der Situation bewusst. Mein Vater ist stumm an diesen Männern vorbeigegangen, mit meiner Mutter und mir im Blick, um in unser Auto zu steigen und uns sicher nach Hause zu bringen. Für mich hat das im Rückblick etwas von Standhaftigkeit und Beständigkeit. Er ist stehen geblieben, hat ausgeharrt, bis diese Ampel Grün wurde, und das durchgezogen, was er sich vorgenommen hatte.

Dieser Satz »*Wer euch auf die rechte Wange schlägt, dem haltet auch die andere hin*« ist so vielseitig und auch auf unser heutiges Leben übertragbar. Ich war Gott sei Dank noch nie körperlicher Gewalt ausgesetzt, aber manche der Kommentare unter meinen Videos haben eine verbale Gewalt, eine verbale Schärfe in sich, sodass ich oftmals denke: »Warum mache ich das? Wie gehe ich damit um?« Ich vermute, dass ein Teil des Problems darin liegt, dass man sich auf Social-Media-Plattformen ja nicht wirklich begegnet. Ich weiß nicht, was jemand, dessen Video ich sehe, gerade denkt, was er fühlt, welche Last er mit sich herumträgt. Wie schnell neigt man dazu, sich anhand des Videos ein Bild über das Leben eines Menschen zu machen und dieses zu beurteilen. Es ist nur dieser eine Mausklick, der uns einen Kommentar ermöglicht.

Social Media macht dieses Gegen-einen-Sein viel leichter, viel härter und tiefgehender. Die Frage ist: »Wie gehe ich mit hasserfüllten Kommentaren um?« Ich wünschte, ich hätte da eine richtig gute Antwort, aber gerade solche Kommentare sind oftmals sehr verletzend und greifen einen persönlich an. Das ist noch mal eine andere Dimension als die Situation an der Ampel.

Ein erster Schritt könnte hier sein, zu reflektieren: Aus welchem Grund und mit welchem Ziel hat die Person diesen Kommentar verfasst? Wollte sie mir wirklich einen Tipp geben? Steckt ein Funken Wahrheit darin? Oder war es pure Boshaftigkeit? Bösartige Kommentare sollte man sich nicht zu Herzen nehmen, denn der Mensch, der das geschrieben hat, hat es sich ziemlich einfach gemacht. Manchmal stelle ich mir die Frage: »Würde diese Person das auch im Gespräch mit mir so einfach von sich geben und artikulieren?« In solchen Momenten dürfen wir unser eigenes Herz schützen und bewahren und auf das schauen, was wir wirklich sind, was wir nicht mit all den Menschen über die Social-Media-Kanäle teilen. Wir sollten auf die Leute in unserem Umfeld, in unserem realen Leben schauen, die uns wirklich kennen und uns Identität zusprechen, daran erinnern, wer wir sind und welchen Wert wir tragen.

Ob wir auf einen Kommentar antworten oder ihn ignorieren, hängt vermutlich von der jeweiligen Situation ab. Aber Jesus bringt mit dem Satz »Wer euch auf die rechte Wange schlägt, dem haltet auch die andere hin« noch eine andere Option als Weglaufen oder Zurückschlagen mit ins Spiel, die unser Innerstes betrifft: dableiben. Auch das hat für mich etwas von Beständigkeit. Ich halte an meinem Glauben fest, auch wenn ich dafür öffentlich angefeindet werde und böse Kommentare erhalte. Ganz zu Beginn meines Wirkens auf Youtube war das für mich die wichtigste Entscheidung: Die Entscheidung, dazubleiben und weiterzumachen. Und es hat sich bewährt.

Wir leben in einer toleranten Gesellschaft, in der wir alles sein und fühlen dürfen. Manchmal habe ich aber das Gefühl, dass diese Toleranz ein wenig in ein »Ist mir egal« oder »Mach was du willst, solange es mich nicht beeinflusst« übergeht. Vielleicht haben wir in einem solchen Umfeld auch mal Angst, zu sagen: »Das ist meine Meinung, das ist mein Standpunkt.« Natürlich ist es einfacher, sich nicht zu positionieren, denn dann eckt man auch nicht an. Dennoch möchte ich dich ermutigen, Position zu beziehen und deine Meinung zu sagen.

Das heißt nicht, dass wir andere Meinungen nicht respektieren und aushalten sollen. Zudem können und dürfen sich Meinungen auch wandeln, dürfen flexibel sein. Wir sollten uns sogar immer wieder hinterfragen und überlegen: »Sehe ich das noch immer so?« Wenn nein: »Warum habe ich meine Meinung in diesem Aspekt geändert?«

Wer weiß: Vielleicht trifft man eines Tages den Freund wieder, der immer eine andere Meinung zu einem Thema hatte, und stellt fest: Dieser Freund oder sogar man selbst hat die Meinung geändert. Dann kann man ganz neu in die Thematik einsteigen und interessante Gespräche führen. Das kann sehr bereichernd sein und dafür sollten wir immer offenbleiben.

Das ist meine Meinung zu dem Thema Meinungen. Zumindest im Moment …

Gebet ist ein Dialog

10

Was ist eigentlich Beten? Führe ich Selbstgespräche oder kommuniziere ich wirklich mit Gott? Ich habe mich mal mit einem sehr guten Freund, der kein Christ ist und der dem Glauben eher skeptisch gegenübersteht, über genau diese Fragen unterhalten. Auslöser war folgende Situation: Ich stand damals vor einer Prüfung und er sagte zu mir: »Hey, ich drück dir die Daumen!« Meine Antwort darauf war: »Mir wäre es aber viel lieber, du würdest für mich die Hände falten!«

Genau diese Diskrepanz zwischen »Hey, ich drück dir die Daumen« und »Ich bete für dich« war für uns der Anlass, mal darüber zu reden, was Gebet überhaupt sein kann. Mein Freund meinte im Verlauf des Gesprächs, dass er es tatsächlich gut finde, wenn Leute Rituale haben. Die Fragen, die sich uns dann aber gestellt haben, waren: »Ist Gebet ein Ritual? Ist es etwas, was ich dreimal täglich tun muss? Und wenn nein, was ist es dann?«

Für mich heißt Beten, dass ich mit Gott rede, mit ihm kommuniziere. Vielleicht bist du schon lange Christ und siehst das genauso. Vielleicht klingt es für dich aber auch erst mal seltsam. Ich versuche mal, zu erklären, wie ich Gebet in meinem Alltag praktiziere.

Es gibt in meinem Tagesablauf feste Punkte, an denen ich bete, zum Beispiel vor dem Essen und vor dem Schlafengehen. Das könnte man vielleicht als Ritual bezeichnen, aber diese Punkte sind nicht die einzigen, an denen ich mich mit Gebet durch den Tag hangle. Es gibt einen coolen Spruch, der lautet: »Nach dem Amen bete weiter«[3]. Dieser Spruch beschreibt für mich sehr gut, was Gebet ist, denn Gott ist für mich keine hoch oben schwebende Instanz, die unerreichbar ist, sondern im Gegenteil: Er ist mein Wegbegleiter, mit dem ich Leben teile. Meine Beziehung zu Gott ist eine lebendige und ich bin der Überzeugung, dass in jeder Art von zwischenmenschlicher Beziehung Kommunikation ein Schlüssel ist. Freundschaft, Partnerschaft, Teamwork – all diese Dinge leben von Kommunikation, vom Austausch miteinander und davon, dass man sich für den anderen interessiert. Freundschaft funktioniert nicht, wenn ich mich nie nach dem anderen erkundige, ihm nie zuhöre oder aber nie etwas von mir teile. Vielleicht denkst du jetzt: »Ja, aber dieses Dem-anderen-etwas-Mitteilen ist doch bei Gott völlig unnötig. Gott ist doch jemand, der uns voll und ganz kennt.«

Gott ist für mich keine hoch oben schwebende Instanz, die unerreichbar ist, sondern im Gegenteil mein Wegbegleiter, mit dem ich Leben teile.

Ich denke, dass es mit Gott wie in folgender Situation ist: Mal angenommen ich habe etwas Aufregendes erlebt und meiner Mutter davon erzählt. Diese wiederum hat es meinem Papa erzählt. Nun komme ich nach Hause und möchte es ganz begeistert meinem Papa auch noch mal berichten. Dann wird er wohl kaum gelangweilt sagen: »Das brauchst du mir nicht erzählen, weiß ich schon.« Im Gegenteil: Er hört mir zu, er freut sich noch einmal mit mir, weil er sich für mich interessiert und mich liebt. Gerne teilt er meine Begeisterung mit mir und hört die Geschichte aus meinem Mund. Bei Gott ist das ganz ähnlich. Er ist mein Vater und möchte an meinem Leben teilhaben. Er freut sich, wenn ich ihm erzähle, was mir gerade passiert ist. Durch Gebet bleibe ich mit meinem Gott connected, denn Gebet ist ein Gespräch mit Gott.

Ich bin davon überzeugt, dass Gebet sowohl für die guten als auch für die schlechten Zeiten da ist. In den guten Zeiten kann ich im Gebet meine Dankbarkeit artikulieren, mich auf das besinnen, was in meinem Leben gerade passiert und wofür ich Gott dankbar bin.

Genauso kann Gebet mich durch die schlechten Zeiten tragen, ich darf klagen, Zweifel vortragen, meine ganze Innenwelt offenbaren. Für dieses Wechselspiel der Gefühle sind die Psalmen vielleicht das allerbeste Beispiel. Viele von ihnen hat David geschrieben und die meisten sind ähnlich aufgebaut. David hat oft gelitten und in dieser Zeit Psalmen, meist gesungene Gebete, geschrieben, in denen er seinen Gefühlen Ausdruck gegeben hat. In Psalm 22 heißt es zum Beispiel:

Mein Gott, mein Gott, warum hast du mich verlassen?
Warum hilfst du nicht, wenn ich schreie, warum bist du so fern?
Mein Gott, Tag und Nacht rufe ich um Hilfe, doch du antwortest
nicht und schenkst mir keine Ruhe.
Psalm 22,2-3; GNB

Irgendwann kommt in diesen Psalmen meist der Wendepunkt. Es wird wieder hell, Gott zeigt sich und sagt:»Hey, ich war da, als du gelitten hast. Du warst beharrlich im Gebet, auch in den schlechten Zeiten. Glaube und vertraue mir, ich beweise mich immer wieder. Ich bin da, und es wird wieder hell.«

Gebet ist allerdings nicht immer einfach. Nach einem Gebet ist ja nicht zwingend alles gut, und ich bin auch nicht immer nur dankbar. Manchmal geht es mir schlecht und dann fällt mir Beten oder Dankbarsein besonders schwer. Auch das ist okay. Ich darf meine Klagen, Sorgen, Nöte und all meine Verzweiflung vor Gott bringen – und sei es nonverbal, indem ich dasitze und weine. Wichtiger ist es, dranzubleiben, im Gebet zu bleiben, auch wenn es manchmal völlig einseitig erscheint. Oft genug sitze ich da und führe Monologe. Stundenlange Monologe. Dann frage ich mich, ob das wirklich nötig ist. Genau da sind wir wieder beim Punkt der Kommunikation: Im Gespräch mit Gott kommt zwar eher selten etwas verbal zurück, aber vielleicht erreicht es uns auf andere Arten und Weisen – auf solche, mit denen wir niemals gerechnet hätten. Mir ist es schon häufig so ergangen, dass die Antwort auf ganz anderen Wegen kam, als ich sie erhofft, erbeten oder damit gerechnet hätte. In der Bibel steht:»*Denn wer bittet, wird erhalten. Wer sucht, wird finden. Und die Tür wird jedem geöffnet, der anklopft*« (*Matthäus 7,8; NLB*).

Das möchte ich glauben – und gleichzeitig damit rechnen, dass Gott sich auf seine ganz eigene Art und Weise zeigt. Aber warum ist es denn so, dass es Dinge gibt, für die ich bete und bete und es passiert einfach nichts oder zumindest nicht das, was ich möchte?

Ein Beispiel: 2019 war ich in den USA und es war meine letzte Nacht dort. Ich war zu diesem Zeitpunkt in einer Beziehung, von der ich heute sagen würde, dass ihr Ende bereits darin hätte bestehen sollen, niemals anzufangen. Damals sah ich das anders: Ich saß auf einem riesigen amerikanischen Bett und habe zu Gott gebetet und gesagt:»Vater, ich wünsche mir so sehr, dass diese Beziehung hält, dass es weitergeht. Du kennst mich, du siehst mich, du kennst den Schrei meines Herzens. Wenn ich einen Wunsch frei habe, dann mach bitte, dass es weitergeht …« Irgendwann habe ich gedacht: »Okay, Gott hat es gecheckt. Er hat mich gehört.« Dann habe ich diese drei Worte gebetet, die auch Jesus im Garten Gethsemane gebetet hat:

**Mein Vater! Wenn es möglich ist,
lass den Kelch des Leides an mir vorübergehen.
Doch ich will deinen Willen tun, nicht meinen.**
Matthäus 26,39b; NLB

Ich will mir natürlich nicht anmaßen, dass meine Situation damals genauso schmerzhaft war wie die von Jesus – nicht im Geringsten –, aber für mich war es ein ganz tiefes Erlebnis, zu sagen: »Herr, diesen Weg, den wünsche ich mir, aber dein Wille geschehe.« Wurde mein Gebet erhört? Nein. Meine Träume sind damals geplatzt und ich habe viele Tränen geweint, als ich zurück in Deutschland war.

In dieser Zeit war mir nicht nach Danken zumute. Aber ich wusste, dass Gott es aushält, wenn ich ihn anklage, mit ihm ringe und zweifle. Ihm ist es sogar lieber, dass ich mit ihm ringe, als dass ich einfach kapituliere und sage: »Na ja, du hast mich nicht erhört, also hast du mir offensichtlich nicht zugehört. Es scheint dich nicht zu geben oder zumindest meinst du es nicht gut mit mir.« Solche Sätze höre ich öfter von Leuten. Doch ich habe erfahren, dass die Existenz, die Souveränität, die Güte oder die Gerechtigkeit Gottes nicht abhängig ist von einer bestimmten Beantwortung meiner Gebete.

Ich habe erfahren, dass die Existenz, die Souveränität, die Güte oder die Gerechtigkeit Gottes nicht abhängig ist von einer bestimmten Beantwortung meiner Gebete.

Im Vaterunser heißt es: »*Dein Wille geschehe*« *(Matthäus 6,10b)*, und genau das ist der entscheidende Punkt. Häufig bete ich so wie damals um eine ganz konkrete Sache. In solchen Momenten glaube ich, dass mich dieses Gebet dahin bringt, wo ich sein möchte. Aber das passiert ganz oft nicht. Ich bin jedoch davon überzeugt, dass meine Perspektive so viel begrenzter ist als Gottes Sicht. Manchmal lässt er Dinge zu oder verhindert etwas und führt mich auf anderen Wegen zu dem Ziel, von dem er wollte, dass ich dort ankomme. Dieses Ziel ist meistens besser und immer mehr als nur gut.

Ich habe damals gelernt, meine Pläne an die zweite Stelle zu stellen und zu sagen: »Herr, was ist eigentlich dein Plan für mein Leben? Wie kann ich dir hinterhergehen?« Hier ist die Richtung entscheidend: Nicht Gott soll mir hinterhergehen und das Ganze absegnen, sondern ich möchte Gottes Wege gehen. In der Bibel steht, dass er einen Plan mit Zukunft und Hoffnung für mich hat, und genau diesem möchte ich folgen.

»Denn ich weiß genau, welche Pläne ich für euch gefasst habe«, spricht der Herr. »Mein Plan ist, euch Heil zu geben und kein Leid. Ich gebe euch Zukunft und Hoffnung.«
Jeremia 29,11; NLB

Doch was ist mit den Momenten, in denen mir die Kontrolle entgleitet, in denen nichts gut zu sein scheint? Glaube ich dann immer noch, dass Gottes Wesen gut ist? Nur weil er nicht speziell auf mein Gebet so antwortet, wie ich mir das wünsche, heißt das nicht, dass er die Bedürftigkeit dahinter nicht sieht und nicht beantwortet. Wenn wir zum Beispiel tieftraurig und verzweifelt sind, so wie ich damals, dann wünschen wir uns Heilung, Rettung aus dieser Situation. Was unser Herz in diesem Moment braucht, ist Trost, sind Menschen, die uns in den Arm nehmen und bei uns sind. Genau das habe ich erfahren: Menschen, die mich so fest umarmt haben, dass all diese zerbrochenen Stücke wieder zusammenwachsen konnten. Dafür hatte ich vorher gar nicht den Blick. Gott hat mir die Augen geöffnet für ein Umfeld, das mich trägt. Das war in diesem Moment sein Plan mit mir.

Die Richtung ist entscheidend: Nicht Gott soll mir hinterhergehen und das Ganze absegnen, sondern ich möchte Gottes Wege gehen.

Gott hat mir gleichzeitig auch die Ohren geöffnet. Gebet ist nicht nur Bitten und Reden, sondern auch Hören. Wenn ich ein Herz habe, das im Willen des Vaters beten möchte, dann muss ich wissen, was sein Wille ist. Diesen finde ich nur heraus, indem ich sein Wesen kennenlerne: Ich kann in der Bibel lesen, mich mit Menschen unterhalten, die mit Gott schon Erfahrungen gemacht haben, und ein Leben führen, in das ich Gott einlade, dabei zu sein. Ich kann beim Beten zuhören. In diesen Monaten nach meinem USA-Aufenthalt war ich viel im Gebet und mein Gebetsleben hat sich aufgrund dieses Erlebnisses radikal verändert. Ich durfte meinen Gott in der Vielfalt seiner Facetten noch mal mehr und intensiver kennenlernen. Oftmals saß ich einfach auf meinem Boden und habe Lobpreismusik gehört, die geöffnete Bibel vor mir. Ich war in der Haltung: »Ich selbst bin stumm, weil mir die Worte fehlen. Ich bin einfach in Gottes Nähe und halte diese aus.« Diese Haltung hat mein Herz verändert, und ich bin an den Punkt gekommen, zu sagen: »Gott, ich lobe dich in den Tälern meines Lebens, weil ich glaube, dass du unabhängig von meinen Umständen gut bist.«

Gebet ist für mich also eine Form der Kommunikation, des Austausches – und es tut mir einfach gut. Mit manchen meiner Freunde beende ich die Treffen, indem wir gemeinsam miteinander und füreinander beten: für das, was uns auf dem Herzen liegt, die neue Woche, Herausforderungen, die wir bewältigen müssen. Genauso danken wir für die guten Dinge, die uns passiert sind. Wir können zwar dem anderen seine Lasten, Herausforderungen und Aufgaben oft nicht abnehmen, aber es hilft jedem, zu wissen, dass er Menschen um sich hat, die ihn im Gebet stärken.

Wir können zwar dem anderen seine Lasten, Herausforderungen und Aufgaben oft nicht abnehmen, aber es hilft jedem, zu wissen, dass er Menschen um sich hat, die ihn im Gebet stärken.

Von dringlich bis wichtig

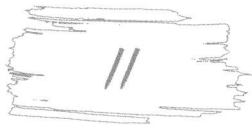

Die Frage, die mir wahrscheinlich am häufigsten gestellt wird, ist: »Jana, wie kriegst du eigentlich alles unter einen Hut: das Influencer-Leben, reisen und predigen, dann auch noch Bücher schreiben – und das alles neben deinem Medizinstudium? Bleibt da überhaupt noch Zeit für deine Freunde, Freizeit und Familie?«

Ich glaube, dass die Antwort darauf etwas mit Prioritäten zu tun hat. Prioritäten zu setzen, heißt, mich zu fragen: »Was ist in diesem Moment so dringlich, dass ich es jetzt machen muss? Was kann danach kommen? Was ist nicht dringlich, aber wichtig?« Ich brauche also erst mal einen Überblick über all die Anforderungen und Aufgaben, vor denen ich stehe.

Was ist nicht dringlich, aber wichtig?

Darin liegt schon das erste Geheimnis: Diesen Überblick muss ich mir erst mal verschaffen und auch versuchen, ihn zu bewahren. Wie das gut gelingt, ist bei jedem anders. Manche Menschen haben ihre Termine alle im Handy, andere sagen, dass sie damit gar nicht klarkommen. Die müssen sich ihren Terminkalender vielleicht groß an die Wand hängen und immer das ganze Jahr im Blick behalten.

Ich persönlich kombiniere alle diese Methoden miteinander: Ich habe einen großen Terminkalender, ich habe meine Termine auf dem Handy und früher hatte ich tatsächlich zusätzlich noch so ein Hausaufgabenheft. Schon damals habe ich meine Hausaufgaben immer an dem Tag aufgeschrieben, bis zu dem ich sie fertig haben musste. Auf diese Weise konnte ich an dem Tag direkt sehen, ob ich alles erledigt hatte.

Damit wäre ich beim zweiten Punkt: Damit es mir nicht passiert, dass ich zum Montag umblättere und sehe, dass er total voll ist, hilft es mir, vorausschauend zu planen. Ich gucke: »Was brauche ich morgen? Was brauche ich übermorgen? Und was steht nächste Woche an?« Ansonsten könnte es passieren, dass mich jeden Tag irgendetwas Neues überrascht und im ungünstigsten Fall überfordert.

Prioritäten zu setzen, heißt aber auch, sich zu fragen: »Welche Dinge kosten mich zu viel Kraft oder zu viel Zeit, sodass ich sie nicht mehr machen kann?« Die Zeit, die mir zur Verfügung steht, um meine Interessen und Hobbys auszuleben, nimmt immer weiter ab und ich überlege mir daher, wofür ich meine Zeit investieren möchte. Im Zuge dessen musste ich auch lernen, zu sagen: »Das möchte ich zwar, aber das kann ich jetzt gerade nicht machen.« Wenn ich zum Beispiel Leute auf der Sportanlage kennenlerne, die Volleyball spielen und mich zu ihrem Training einladen, dann muss ich meistens sagen: »Danke für das Angebot, das ist toll. Aber es passt nicht in meinen Terminkalender. An dem Tag muss ich zur Uni.«

Damit wäre ich beim dritten Punkt: lernen, Nein zu sagen. Damit einher geht auch eine Fokussierung, die ich als vierten Punkt ansehen würde: Indem ich Nein zu manchen Dingen sage, heißt das gleichzeitig, dass ich Ja zu anderen Dingen sagen kann, und zwar voll und ganz. Ich bin ein Mensch der Extreme. Ich kann eine Sache nur ganz oder gar nicht machen, das Mittelmaß liegt mir persönlich nicht. Wenn Leute sagen »Ich bin überall ein bisschen«, bewundere ich das zwar, aber ich finde es besser, mit all meiner Kraft, meinem Verstand und meinem Herzen bei dem zu sein, für das ich mich entschieden habe. Ich möchte nicht überall sein, aber dort, wo ich bin, zu hundert Prozent. In meinem Leben ist das mein Medizinstudium, mein Dasein als Influencerin, meine Bücher, die ich schreibe, meine Reisen als Speakerin und auch die Freundschaften, zu denen ich ganz bewusst Ja gesagt habe.

Ein fünfter wichtiger Punkt ist es, seine Zeit bewusst zu investieren. Ich plane meine Zeit ganz gezielt und mache zum Beispiel vier Stunden etwas für die Uni, gehe um achzehn Uhr ins Fitnessstudio und habe um zwanzig Uhr eine Verabredung – zu der ich auch pünktlich bin, denn Pünktlichkeit ist Respekt vor der Zeit des anderen. Das ist sehr deutsch, aber an dem halte ich fest. Ich nehme mir bewusst Zeit für Pausen und verschwende sie auch mal, indem ich chille, nichts tue und meine Seele baumeln lasse. Aber: Mir persönlich passiert es leider oft, dass ich abends noch eine Stunde in meinem Bett liege und auf Instagram chille oder mir Videos anschaue und danach denke: »Ja Jana, jetzt ist eine Stunde deines Lebens weg, in der du hättest schlafen können. Das hätte dir gutgetan!« Darüber bin ich regelmäßig frustriert und darf gerade bei diesem Punkt immer wieder neu lernen, meine Zeit mehr wertzuschätzen. Deswegen mein Tipp an dich: Kauf dir einen Wecker und mach das Schlafzimmer zu einer handyfreien Zone.

Mein sechster Punkt ist, unterscheiden zu lernen, was ich *jetzt* will und was ich *ultimativ* für mein Leben will. Wenn mich jemand fragen würde, was ich jetzt möchte, würde ich sagen: »Ich möchte die Sonne genießen, ins Freibad gehen und mit meinen Freunden Zeit verbringen.« Aber wenn mich jemand fragen würde, was ich ultimativ will, dann wäre das etwas anderes. Ich würde antworten: »Mein Studium beenden, mein Examen schaffen, einen Beruf erlernen und ins Leben finden.« Ich frage mich immer wieder neu: »Was ist mein aktuelles Bedürfnis und was ist das, was ich eigentlich möchte?«

Mein letzter Punkt: Bei allem Ich-muss-Dies und Ich-muss-Jenes ist es mir wichtig, den Blick fürs Wir nicht zu verlieren. In allem, was ich mache, ist es essenziell, dass ich mir Zeit nehme, um Beziehungen zu pflegen. Es tut mir gut, zu wissen, dass ich nach stressigen Zeiten immer noch die Freunde habe, die ich davor hatte. Das heißt aber auch, dass ich mich in dieser herausfordernden Zeit darum bemühen sollte, diese Beziehungen aufrechtzuerhalten.

Ein kleines Geständnis: Es fällt mir wirklich schwer, in all dem eine große Priorität nicht aus den Augen zu verlieren – meinen Glauben und meine Beziehung zu Jesus und zu Gott. Denn tatsächlich: Wenn ich gerade keine Zeit habe, ist die Zeit, die ich mir nehme, um in der Bibel zu lesen oder zu beten, eine wirklich umkämpfte Zeit. Es handelt sich hier vielleicht um eine halbe Stunde, bei der ich mir manchmal denke: »Was, eine halbe Stunde? Die habe ich jetzt nicht!« Oder ich überlege sonntagmorgens im Gottesdienst, dass ich diese drei Stunden auch ins Lernen hätte investieren können. Doch diese Einstellung ist ein Fehler, und ich muss mich immer wieder dazu anhalten, zu sagen: »In allem Stress habe ich eine Priorität und die ist immer noch, nach dem Reich Gottes zu streben, mit meinem Gott eine Beziehung zu führen und nah an seinem Herzen zu bleiben.« Ich habe, viel zu spät in meinem Leben, aber immer noch früh genug, angefangen, eine Kultur zu etablieren, um den Sabbath zu heiligen und wirklich darum bemüht zu sein, einen Tag Pause zu machen. Klingt einfach, ist für mich persönlich aber eine enorme Herausforderung.

Im Matthäusevangelium steht: »*Trachtet zuerst nach dem Reich Gottes [...]« (Matthäus 6,33).* Ich möchte, dass meine Priorität Gott ist und ich zuerst nach seinem Reich und seiner Gerechtigkeit trachte. Alles andere mag wichtig sein – aber es kommt erst danach. Ich bin dankbar, Freunde zu haben, die immer wieder zu mir sagen: »Lass uns doch mal zusammen beten!« Oder: »Kommst du am Sonntag in die Gemeinde?« Damit erinnern sie mich daran, dass meine Priorität vor allem anderen meine Beziehung zu meinem Herrn ist.

Ich möchte,
dass meine Priorität
Gott ist und ich zuerst
nach seinem Reich und
seiner Gerechtigkeit trachte.
Alles andere mag wichtig sein –
aber es kommt erst danach.

Sorgen um und Sorgen für

12

Es gibt ein Thema, das mich bereits mein ganzes Leben lang begleitet: Zukunftssorgen. Ich habe mir schon immer Sorgen um meine Zukunft gemacht. Vor dem Abitur habe ich mich gefragt: »Schaffe ich das Abi?« und nach dem Abitur: »Was soll ich studieren? Werde ich jemals irgendwas werden?« Ich konnte mich über meinen Erfolg, den ich erreicht hatte, kaum freuen. Stattdessen war ich gedanklich schon bei der nächsten Hürde, beim nächsten Problem. Während andere ihre bestandene Abiprüfung gefeiert haben, habe ich mich gefragt, wo und wie ich mich für einen Studienplatz bewerben muss. Es fällt mir wirklich schwer, einen Moment der Freude zu genießen. Das ist etwas, was ich noch lernen möchte. Genauso möchte ich ein Problem als Hindernis ansehen, über das ich nur noch ein wenig nachdenken muss. Dieses Nachdenken hilft mir, meine Zukunft zu planen, und gibt mir Gewissheit und Struktur. Selbst wenn nachher alles komplett anders verlaufen sollte: Die Tatsache, dass ich mir vorher einen Plan gemacht habe, gibt mir ein gutes Gefühl.

Eine Strategie zu entwickeln, ist also hilfreich – dagegen ist, sich Sorgen zu machen, nicht hilfreich. Während das Planen und Überlegen etwas Aktives ist, das uns bereichert, weil wir uns mit dem Thema auseinandersetzen, kreisen beim Sorgenmachen unsere Gedanken immer wieder um das Problem, und wir kommen letztendlich keinen Schritt voran. Am Ende stehen wir da und sagen: »Ich weiß einfach nicht mehr weiter und habe Angst.«

Während das Planen und Überlegen etwas Aktives ist, das uns bereichert, kreisen beim Sorgenmachen unsere Gedanken immer wieder um das Problem, und wir kommen letztendlich keinen Schritt voran.

Wenn ich mich zum Beispiel auf eine Prüfung vorbereite, verwende ich bestimmt zu viel meiner Energie darauf, anderen zu erzählen: »Ich habe solche Angst, und die Prüfung wird bestimmt total schwer.« Mir fallen immer tausend Gründe ein, warum es unrealistisch ist, dass ich diese Klausur bestehe. Mein Papa sagt dann jedes Mal, wenn ich wieder nörgele, dass ich so viel lernen muss: »Jana, wenn du all die Zeit, die du darin investierst, mir zu erzählen, dass du so viel lernen musst, darin investieren würdest, zu lernen, dann wärst du jetzt schon weiter!« Und er hat recht. Sicher hilft es auch, wenn man sich mal irgendwo ausheulen kann, aber nur mit Ausheulen alleine kommt man nicht weiter.

Natürlich haben wir nicht alles in der Hand. Manchmal haben wir unser Bestes gegeben und es reicht trotzdem nicht aus. Vielleicht fallen wir durch die Klausur oder eine Sache läuft nicht so, wie wir das geplant haben … Und dann? Bricht die Welt unter unseren Füßen weg? Liebt uns dann keiner mehr? Werden wir nie wieder aufgefangen? Kommen wir nie wieder irgendwo an? Nein – dann wiederholen wir die Prüfung halt, dann versuchen wir es noch mal. Diese ganzen Sachen, vor denen wir oft Furcht haben und die wie ein riesiger Berg vor uns liegen, sind meistens gar nicht so groß oder wichtig, wie sie uns in dem Moment erscheinen, in dem wir genau davorstehen.

Wenn wir Jahre, Monate oder manchmal auch nur Tage später auf dieses Problem zurückschauen, stellen wir fest: »Das war zwar eine Hürde, aber ich bin an dieser Aufgabe gewachsen.« In all dem Wir-wollen-etwas-schaffen-und-haben-gleichzeitig-Angst wünsche ich jedem von uns einen beständigen Halt, eine Familie und Freunde, die uns auffangen, wenn mal etwas nicht klappt und wir enttäuscht sind von uns selbst und der Welt. Familie und Freunde lieben uns nicht weniger, wenn wir etwas nicht geschafft haben, denn ihre Liebe basiert nicht auf unserer Leistung. Gottes übrigens auch nicht.

Für mich persönlich ist meine Familie mein ewig sicherer Halt und Zufluchtsort. Ich weiß, dass ich dort meine Wurzeln habe, egal, was die Zukunft bringt. Wir stehen immer füreinander ein, haben eine hohe Loyalität zueinander und feiern, was der andere tut. Das gibt mir ganz viel Sicherheit. Was ich an Familie so schätze, ist: Sie bleibt. Egal, wann ich wiederkomme: Irgendwie ist alles noch genauso wie beim letzten Mal. Es ist dieses Wissen – hier komme ich her und hier sind meine Wurzeln –, das ich persönlich schön finde.

Ich bin wirklich dankbar dafür, dass ich diese Stütze durch meine Eltern habe, und schätze es, dass wir uns in meiner Familie immer wieder vergeben. Wir halten uns an den Satz: »*Versöhnt euch wieder und lasst die Sonne nicht über eurem Zorn untergehen*« (*Epheser 4,26b; GNB*), entschuldigen uns und artikulieren, wie wir uns fühlen. Dafür bin ich dankbar. Ich weiß: Meine Familie ist mein Netz, hier werde ich aufgefangen, wenn etwas schiefläuft. Das nimmt der ungewissen Zukunft ihre Bedrohlichkeit.

Nicht jeder ist in so einer Familie groß geworden. Für manche sind eher die Freunde wie eine Familie, die sie sich selbst gewählt haben. Dafür gilt alles, was ich bis hierhin gesagt habe. Auch ich habe wundervolle Freunde. Allerdings möchte ich persönlich einer Freundschaft nicht zusätzlich das auferlegen, was meine Eltern tragen. Das wäre viel erwartet von jemandem, der sein Leben noch gestaltet und vielleicht irgendwann mal wegzieht. Familie aber ist etwas, was bleibt, auch wenn sich Dinge ändern.

Von einer Reise in die USA habe ich mir eine Holztafel mitgebracht, auf der steht: »Glaube heißt nicht, zu wissen, was die Zukunft bereithält, sondern zu wissen, wer die Zukunft hält.« Sorge kann uns lähmen. Aber sie hat auch eine positive Seite, und zwar immer dann, wenn wir uns um jemanden sorgen und kümmern. Tiere sorgen sich um ihre Jungen. In einer Familie sorgen sich die Eltern um ihre Kinder, tragen Sorge für sie und übernehmen Verantwortung. Kinder werden so auf das Leben vorbereitet und im Leben begleitet. Das ist etwas unglaublich Gutes. Das heißt »sorgen für« ist etwas anderes als »sorgen um«. Im Englischen gibt es zwei Worte, die dieses eine deutsche Wort »sorgen« beschreiben: *to worry* und *to care*. Wenn ich mir wirklich Sorgen mache, ein ungutes Gefühl habe, mich zum Beispiel um meinen kranken Vater sorge, verwende ich im Englischen *to worry*, um dies auszudrücken. Sorge ich dagegen für jemanden – wie eine Mutter für ihre Kinder, ein Vater für seine Kinder oder wie Freunde und Partner füreinander –, benutze ich die Wendung *to care*. Das sind zwei verschiedene Dinge.

Sorge raubt uns die Energie, die wir eigentlich bräuchten, um daran mitzuwirken, dass die Sorge sich nicht erfüllt. Wir wissen, dass es unnötig ist, Energie für Sorgen aufzuwenden, und trotzdem machen wir es. Mir hilft hier ein Blick in die Bibel. Im Lukasevangelium steht: *»Können all eure Sorgen euer Leben auch nur um einen einzigen Augenblick verlängern? Natürlich nicht!« (Lukas 12,25; NLB).* Hat das Sorgenmachen für irgendjemanden einen positiven Effekt aufs Leben? Die Antwort liegt auf der Hand: Nein. Doch ich weiß, dass ich in alldem nicht allein bin. Gott sagt, dass jeder unserer Tage in seinem Buch aufgeschrieben ist. Er hat einen Plan. Wenn ich ihm folge, auf ihn höre und mit ihm rede, gibt Gott mir Sicherheit und Gewissheit – nicht darüber, was in der Zukunft passiert, sondern darüber, dass er auch in Zukunft da sein wird, genau so, wie er heute hier ist.

Sorge raubt uns die Energie, die wir eigentlich bräuchten, um daran zu arbeiten, dass die Sorge sich nicht erfüllt.

Für mich persönlich gilt, dass mich Sorge und Zukunftsangst sicherlich weiterhin durchs Leben begleiten werden, aber ich weiß, dass ich sie jeden Tag aufs Neue abgeben darf und muss. Genauso weiß ich auch, dass Sorgenmachen mir nicht hilft und dass Gott derjenige ist, der für mich sorgt. Ich brauche mich nicht zu fürchten, denn die Angst schreibt mein Examen nicht. Meine Fähigkeit und mein Vertrauen darin, dass Gott mir diese Fähigkeit schenkt – die schreiben mein Examen.

Wie auch immer es dir mit diesem Thema geht: Ich wünsche dir von Herzen, dass du immer mehr lernst, deine Sorgen abzugeben bei dem, der für dich sorgt.

Der Tod setzt einen Doppel- punkt

13

Wie stellst du dir den Himmel und das Leben nach dem Tod vor? Hast du darüber schon mal nachgedacht? Als ich vor einiger Zeit auf der Trauerfeier der Körperspender war, die in dem anatomischen Institut meiner medizinischen Fakultät für die Lehre gebraucht werden, hat der Pfarrer im Rahmen seiner Ansprache eine Geschichte erzählt, an die ich mich noch heute erinnere. Er erzählte von einem Mädchen, das siebzehn Jahre alt war und Krebs hatte. Alle wussten, dass sie vermutlich nur noch zwei oder drei Tage zu leben hatte. Dieser Pfarrer war mit ihr im Gespräch und hat sie gefragt: »Was denkst du, wo wirst du sein?« Sie antwortete: »In keinem Krankenhaus, es werden keine Ärzte da sein. Ich werde am Strand auf Rügen auf meinem Pferd reiten und das Wasser wird mir ins Gesicht spritzen.« In dem Moment, der so trostlos schien, kam der Trost von dieser Sterbenden. Er hat sich auf die Herzen aller Zuhörenden gelegt, weil sie an dieses Bild von ihrem Himmel glauben konnte.

Ich könnte ganz viele Menschen fragen: »Was ist deine Vorstellung vom Himmel?«, und mit jeder Antwort bekäme ich ein anderes Bild. Ich möchte jedem sein Bild vom Himmel lassen, denn es gibt nicht die eine Antwort auf die Frage: »Was ist der Himmel?« Die Frage müsste vielleicht eher lauten: »Was ist der Himmel für dich?«, und darauf gibt es ganz viele Antworten.

Ich persönlich habe keine konkrete Vorstellung von einem Ort oder von einer Person. Für mich ist der Himmel eher ein Zustand des Angekommenseins in der heiligen und allumfassenden Gegenwart Gottes. In meinem Leben bin ich so viel unterwegs, und selbst wenn ich irgendwo bin, fühle ich mich trotzdem, als ob ich auf irgendetwas hinarbeite. Doch in alldem ist Gott immer ein beständiger Faktor und mein ewiger Wegbegleiter. Himmel, das ist für mich die Nähe Gottes. Und tatsächlich glaube ich, dass wir das schon auf Erden beginnend erleben können. Das ist sogar ein Teil unseres Auftrags: Den Himmel auf Erden zu bringen, auf Herrlichkeit zu weisen und Menschen zu Jesus zu führen. Das können wir ja nur, wenn wir ihm selbst begegnen.

Die Geschichte des Mädchens hat mich damals sehr berührt. Ich war so beeindruckt von ihrer Gefasstheit. Sie hatte keine Wahl und konnte sich nur noch überlegen, mit welcher Vorstellung sie ihre letzten Tage leben wollte: weinend und in Traurigkeit oder in dem Glauben daran, mit ihrem Pferd auf Rügen am Strand entlangzureiten. Ich glaube, solche Bilder können uns Hoffnung spenden und ein Trost sein, mit der wir der Angst und auch dem Tod begegnen.

Ich persönlich kenne niemanden – und auch ich zähle nicht dazu –, der sagen würde: »Ich habe keine Angst vor dem Tod.« Jeder Mensch hängt am Leben, und wenn es wirklich darauf ankommt, würden wir alle noch mal nach oben schwimmen und um unser Leben kämpfen. Jeder möchte noch was schaffen, was erreichen, vielleicht noch was werden. Dieser Überlebenswille und diese Lebenslust sind Dinge, die tief in unser Herz gepflanzt sind, und begründen für mich, warum es normal ist, Angst vor dem Tod zu haben.

Mein Glaube an Gott und an ein Leben nach dem Tod führt nicht automatisch dazu, dass ich dem Tod angstfrei begegne und ihn willkommen heiße. Aber ich kann dieser Angst mit der Gewissheit begegnen, dass der Tod keinen Punkt, sondern einen Doppelpunkt setzt. Es hört nicht auf, sondern geht weiter. Unser Leben hier auf der Erde ist nichts Bleibendes. Wir sehen es jeden Tag: Menschen sterben, Menschen gehen, wir geraten in Vergessenheit. Aber ich glaube daran, dass unsere Namen im Himmel in Gottes Buch aufgeschrieben sind.

Alle, die durchhalten und den Sieg erringen,
werden solch ein weißes Kleid tragen.
Ich will ihren Namen nicht aus dem
Buch des Lebens streichen.
Vor meinem Vater und seinen Engeln werde
ich mich offen zu ihnen bekennen.
Offenbarung 3,5; GNB

Das ist ein unglaublich tröstlicher Gedanke: Gott vergisst uns nicht.

Ich kann dieser Angst mit der Gewissheit begegnen, dass der Tod keinen Punkt, sondern einen Doppelpunkt setzt.

Auch ich hatte als Kind Krebs. Insofern weiß ich, wie das ist, wenn man zu Bett geht und nicht weiß, wer am nächsten Morgen mit einem gemeinsam wieder aufwachen wird. Natürlich muss man da erst einmal schlucken. Aber wenn man eine so lange Zeit hinter Krankenhauswänden verbracht hat, baut sich diese Angst irgendwann ab. Man ändert seine Perspektive und schaut nicht mehr so sehr darauf, dass man morgen sterben könnte – denn das könnte jeder von uns, auch ohne Krankheit. Ich möchte nicht mit der Angst durchs Leben gehen, dass es jeden Moment vorbei sein könnte, sondern vielmehr mit einer Dankbarkeit für jeden einzelnen Moment, den ich erleben darf. Dieser Perspektivwechsel hilft ganz viel. Er rückt die Furcht aus dem Fokus.

Ich möchte nicht mit der Angst durchs Leben gehen, dass es jeden Moment vorbei sein könnte, sondern vielmehr mit einer Dankbarkeit für jeden einzelnen Moment, den ich erleben darf.

Es ist ganz menschlich, dass man nicht vergessen werden will, aber dieses Vergessenwerden gehört zum Leben dazu. Mach doch mal folgenden kleinen Versuch: Wir alle haben eine Mutter und einen Vater und die haben wiederum eine Mutter und einen Vater und die haben wiederum Mutter und Vater. Das heißt, wir haben eine Generation von zwei Personen über uns, dann vier und dann acht. Wie sind ihren Namen? Weißt du das? Dass du die Namen deiner Eltern weißt, ist klar, und die Namen deiner Großeltern wahrscheinlich auch noch, … oder hießen die alle in der Linie des Vaters Heinrich mit Zweitnamen … oder war das bei der Mutter? Spätestens ab der dritten Generation hört es bei den meisten von uns wahrscheinlich auf. Das ist normal und nichts, wofür wir uns schämen müssen. Auch wir werden irgendwann zu einer ersten Generation, dann zu einer zweiten und irgendwann zu einer vergessenen dritten Generation gehören. Aber ich glaube daran, dass über diesen zeitlichen Rahmen hinaus mein Name im Buch des Lebens geschrieben steht und er nicht vergessen wird. Das ist für mich eine tröstende und bestärkende Gewissheit.

Als Jesus damals auf Golgatha am Kreuz hing und auf grausame Weise sterben musste, sprach er noch kurz vor seinem Tod mit einem der Verurteilten, die mit ihm hingerichtet wurden. Dieser Mensch hatte in seinem Leben vermutlich nicht durch gute Taten geglänzt, sonst wäre er wohl nicht am Kreuz gelandet. Doch hier am Kreuz passierte Folgendes:

Einer der Verbrecher, die mit ihm gekreuzigt worden waren, beschimpfte ihn: »Bist du denn nicht der versprochene Retter? Dann hilf dir selbst und uns!« Aber der andere wies ihn zurecht und sagte: »Nimmst du Gott immer noch nicht ernst? Du bist doch genauso zum Tod verurteilt wie er, aber du bist es mit Recht. Wir beide leiden hier die Strafe, die wir verdient haben. Aber der da hat nichts Unrechtes getan!« Und zu Jesus sagte er: »Denk an mich, Jesus, wenn du deine Herrschaft antrittst!«
Lukas 23,40-42; GNB

Der Verbrecher erkannte die Wahrheit in den letzten Sekunden seines Lebens. Und was Jesus dann antwortete, ist für mich die ultimative Antwort in Gnade und Liebe:

»Ich versichere dir, du wirst noch heute mit mir im Paradies sein«
(Lukas 23,43b; GNB).

Ich bin davon überzeugt, dass wir Menschen kein Recht haben, uns nach links oder rechts zu drehen und ein Urteil darüber zu fällen, wer in den Himmel kommt und wer nicht. Das liegt nicht in unserem Ermessen oder unserer Macht. Zu den Grundpfeilern meines Glaubens gehört auch mein Glaube an ein Leben nach dem Tod. Jesus Christus, der für mich und für uns alle am Kreuz gestorben und wieder auferstanden ist, hat mir dadurch die Tür und den Weg geöffnet, um zu Gott zu kommen, in den Himmel. Und um jetzt schon bei und mit Gott zu sein – in seiner Nähe, damit ich Himmel auf Erden bringen kann.

Schub-
laden
denken

14

Zu Beginn meines Studiums war ich auf einer zweiwöchigen Sommerakademie. Es gab dort Zweibettzimmer und meine Zimmerpartnerin und ich haben uns richtig gut verstanden. Wir haben uns oft abends unterhalten, so auch an einem der letzten Abende. In diesem Gespräch gestand sie mir irgendwann: »Du, Jana, als ich dich das erste Mal in das Zimmer reinkommen sah, dachte ich mir: ›Oh ne, so ein blondes Mädchen, die steht bestimmt um fünf Uhr morgens auf und schminkt sich erst mal zwei Stunden.‹« Um ehrlich zu sein: Ich bin jeden Tag nach ihr aufgestanden und habe mich zum Frühstück geschleppt.

Dieses Beispiel zeigt, was passiert, wenn wir Menschen, die wir zum ersten Mal sehen, in eine Schublade stecken. Das passiert innerhalb von Sekunden und ist auch ein Stück weit normal. Wir alle machen das. Bis zu einem gewissen Grad müssen wir Menschen auch einordnen: zu unserer eigenen Sicherheit oder damit wir uns entsprechend unseres Gefühls verhalten. Aber ganz oft gehen wir über die Be-urteilung hinaus und das Einordnen wird zu einer Ver-urteilung. Dann sehen wir einen Menschen und verurteilen beispielsweise sein Äußeres. Mir geht es manchmal so, dass ich einen komplett volltätowierten Menschen in die Schublade »potenziell gefährlich« stecke, obwohl ich ihn gar nicht kenne und er auch ein total netter Kerl sein könnte. Oder: Ich sehe jemanden in einem Anzug, der womöglich noch mit Headset telefoniert, und denke: »Ach okay, du hältst dich also auch für besonders wichtig.« Ganz schnell drücken wir anderen Menschen einen Stempel auf, ohne dass sie die Chance hatten, sich zu beweisen.

Doch genau in diesem Ohne-sich-selbst-zu-Beweisen steckt schon das nächste Problem: Ein Mensch muss sich nicht beweisen. Ein komplett tätowierter Mensch muss mir nicht beweisen, dass er gar nicht so gefährlich ist, wie ihn seine Tattoos vielleicht erscheinen lassen. Im Gegenteil: Wir sollten einem Menschen die Freiheit einräumen, dass er so sein kann, wie er ist. Warst du auch schon mal in einer Situation, in der du jemanden gesehen und direkt in eine Schublade gesteckt, vielleicht sogar komplett falsch eingeschätzt hast?

Mir persönlich passiert das immer wieder. Als Schülerin war ich zum Beispiel in den USA und habe dort bei einer Freizeit von »Middelschool-Kids« mitgearbeitet. Eigentlich waren wir nur dafür da, die Teilnehmer zu bedienen und ihnen ihr Essen zu bringen. Wir waren sozusagen Servicekräfte, und diese Aufgabe war wirklich superstressig. Jeder Einzelne von uns hatte drei Tische à zehn Leute, die er bedienen musste. An einem Tag hatte ich einen Tisch voller Jungs und als ich mit den Spaghetti an ihren Tisch kam, verschütteten sie als Erstes, wahrscheinlich aus Versehen, die kompletten Nudeln – in alle Himmelsrichtungen und verteilt auf alle Ebenen. An jedem Tisch saß auch immer ein verantwortlicher Erwachsener und auf genau diesen war ich jetzt richtig wütend. Ich habe diesen Mann angesehen und mir gedacht: »Alter, was ist denn dein Erziehungskonzept?« Mein Bild von ihm war wirklich schlecht und ich hatte den Eindruck, dass es ihm egal war, dass ich nun zum fünftausendsten Mal hin- und herrennen musste.

Am nächsten Morgen, auf dem Weg zu meiner Arbeit, bin ich noch mal schnell zu einer Kaffeebar abgebogen. Es war so voll, dass es unmöglich gewesen wäre, sich brav anzustellen, einen Kaffee zu holen und noch rechtzeitig bei meiner Arbeit zu sein. Doch ganz vorne hinter der Theke stand dieser Mann, den ich am Tag zuvor bedient und von dem ich ein so schlechtes Bild hatte. Als der mich in der Tür stehen sah, rief er mir über die Köpfe all der anderen Menschen zu: »Ich erinnere mich an dich, du hast uns gestern gut bedient, bestell dir was!« Das hat mich in diesem Moment so demütig werden lassen. Er wusste nicht, dass meine Gedanken über ihn keine guten gewesen waren, und begegnete mir jetzt so freundlich. Dieser Mann erinnerte sich an mich und war mir dankbar, wie ich gestern mit der schwierigen Situation umgegangen war. Ich habe in diesem Moment gelernt: Vielleicht sollte man zwei Gedanken mehr verschwenden, bevor man Menschen in eine Schublade steckt und diese dann zumacht.

In meinem Lieblingsbuch »Nachtzug nach Lissabon« gibt es eine Stelle, die diesen Sachverhalt gut beschreibt:

Menschen sieht man nicht wie Häuser, Bäume und Sterne. Man sieht sie in der Erwartung, ihnen auf bestimmte Weise begegnen zu können und sie dadurch zu einem Stück des eigenen Inneren zu machen. Die Einbildungskraft schneidet sie zurecht, damit sie zu den eigenen Wünschen und Hoffnungen passen, aber auch so, dass sich an ihnen die eigenen Ängste und Vorurteile bestätigen können.[4]

Warum mag ich dieses Zitat so sehr? Weil es einen wichtigen Punkt deutlich macht: Das, was wir über den anderen denken, sagt mehr darüber aus, was in unserem Herzen ist, als darüber, was in dem Herzen des anderen ist. Wir können es letztlich nicht wissen, haben aber trotzdem schon ein Urteil über diesen Menschen gefällt.

Das, was wir über den anderen denken, sagt mehr darüber aus, was in unserem Herzen ist, als darüber, was in dem Herzen des anderen ist.

Diese Problematik finden wir nicht nur in unserem alltäglichen Leben, sondern eben auch, und gerade unter Christen ist sie sehr präsent. Da wird dann darüber gestritten, ob man die Hände im Lobpreis erheben darf oder nicht. Oder ob man zum Singen im Gottesdienst aufstehen oder sitzen bleiben sollte. Oder ob eine Frau lange oder kurze Haare haben oder eine Hose oder einen Rock tragen darf. Die meisten dieser Punkte sind eher Geschmacksfragen oder hängen davon ab, was man aufgrund der verschiedenen Gemeindeformen gewohnt ist.

Doch unter Christen passiert es häufig, dass dem anderen nicht die Freiheit eingeräumt wird, seinen Glauben so auszuleben, auch wenn das auf eine andere Art geschieht, als man selbst für richtig hält. Anstatt sich auf grundsätzliche, fundamentale Dinge zu einigen, stempelt man den anderen ab und hält nur die eigene Art und Weise, den Glauben zu leben, für einzig richtig. Das Ergebnis ist keine Einheit, sondern Spaltung. Als Christen streben wir jedoch an, ein Leib zu sein, wie es im Römerbrief heißt:

Wir sind alle Teile seines einen Leibes,
und jeder von uns hat
eine andere Aufgabe zu erfüllen.
Und da wir alle in Christus ein Leib sind,
gehören wir zueinander,
und jeder Einzelne ist auf
alle anderen angewiesen.
Römer 12,5; NLB

Wenn wir uns dann noch vor Augen führen, was wir für ein Bild nach außen hin abgeben, dann kann man verstehen, wenn Leute sagen: »Okay, ihr Christen redet immer von Nächstenliebe, aber seid die Ersten, wenn es darum geht, mit dem Finger auf jemand anderen zu zeigen.« Darüber sollten wir mal nachdenken. Vielleicht kennst du dieses berühmte Zitat von Friedrich Nietzsche:

Die Christen müssten mir erlöster aussehen. Bessere Lieder müssten sie mir singen, wenn ich an ihren Erlöser glauben sollte.[5]

Dieser Satz ist ein wirklicher Augenöffner. Wenn wir erlöster leben und liebevoller handeln würden, dann könnten diejenigen, die uns betrachten, vermutlich auch mehr von der Erlösung und der Liebe finden, auf die wir doch hinweisen wollen. Es hilft, hier bei sich selbst anzufangen und zu fragen, an welchem Punkt wir noch an uns arbeiten müssten, bevor wir mit dem Finger auf den Splitter im Auge des anderen weisen. Jesus ist da sehr direkt:

Warum siehst du jeden kleinen Splitter im Auge deines Mitmenschen, aber den Balken in deinem eigenen Auge bemerkst du nicht?
Lukas 6,41; HFA

Darüber hinaus sollten wir, bevor wir jemand anderen zurechtweisen, uns auch sicher sein, dass wir überhaupt in einer Position sind, in der uns das zusteht. Das heißt natürlich nicht, dass wir jemanden nicht darauf hinweisen dürfen, wenn er faktisch falsche Dinge erzählt. Aber wenn ich kritisiere, was der andere tut oder welches Outfit er trägt, dann sollte ich mir sicher sein, dass ich eine Beziehung zu diesem Menschen habe, die mir das erlaubt. Meine Brüder, meine Mutter, mein Vater, mein Partner, sie alle haben ein anderes Recht in mein Leben zu sprechen als irgendjemand, dem ich fremd bin und der mir fremd ist. Warum? Weil sie näher an mir dran sind, weil ich ihnen diese Autorität eingestanden habe und sogar darum bitte, mich zu korrigieren und zu begleiten. Ich will ja die liebvollste und gnädigste, die rechtschaffenste Version meiner selbst sein und dafür muss ich einen Prozess durchlaufen, in dem ich zu dieser Person geschliffen werde. Nicht jede Meinung und nicht jeder Ratschlag zählt dabei. Aber Menschen, die uns nahestehen und die das Beste für uns wollen, sollten wir Gehör schenken.

Einer der schönsten und tragendsten Sätze in der Bibel steht meiner Meinung nach im Johannesevangelium. Dort sagt Jesus:

**»An eurer Liebe zueinander werden
alle erkennen, dass ihr meine Jünger seid«**
(Johannes 13,35; GNB).

Dieser Satz beschreibt, wie wir nach außen hin sein sollten. Ich glaube, dass das ein guter Ansatzpunkt ist: Liebe deinen Nächsten wie dich selbst, bevor du ihn beurteilst – und mach die Schublade, die vielleicht aufgegangen ist, hinter der Person nicht zu.

Liebe deinen Nächsten,
wie dich selbst,
bevor du ihn beurteilst –
und mach die Schublade,
die vielleicht aufgegangen ist,
hinter der Person nicht zu.

Wie Neid richtig wird

K ennst du das? Du betrachtest das Leben eines anderen Menschen, und auf einmal bekommst du so ein komisches Gefühl. Vielleicht denkst du: »Warum liege ich nicht auch gerade am Strand?« Oder: »Warum habe ich nicht auch so eine gut laufende Beziehung?« Oder: »Warum habe ich nicht auch so einen schönen Körper?«

Was ist Neid eigentlich? Wenn ich neidisch bin, möchte ich etwas haben, was der andere hat und ich nicht habe. Oder ich möchte etwas sein, was der andere ist und ich nicht bin. Dieses negative Gefühl, das sich bei solchen Gedanken und Wünschen einschleicht, betrifft zwei Ebenen. Einerseits geht es um mich als Person: Ich bin unzufrieden mit mir selbst. Andererseits geht es um den anderen: Ich bin neidisch auf den anderen und habe ihm gegenüber ein ungutes Gefühl. Insofern sind bei Neid immer mindestens zwei Menschen betroffen: der andere und ich.

In meinem Fall könnte das beispielsweise so aussehen: Ich treffe in meinem Studium auf jemanden, von dem ich denke, dass ihm das Lernen so viel leichter fällt als mir. Diese Person liest einen Text einmal und hat ihn sofort verstanden. Ich aber muss ihn zehnmal lesen und am Ende kann ich mich trotzdem nicht mehr hundertprozentig an das Gelesene erinnern. Was bleibt, ist ein schlechtes Gefühl und der Gedanke: »Mensch Jana, bist du eigentlich völlig auf den Kopf gefallen?« Das ist eine blöde Situation für uns beide, denn diese Person kann ja nichts dafür, dass sie den Text nur einmal lesen muss. Ich wiederum kann nichts dafür, dass ich ihn zehnmal lesen muss.

Neid ist etwas ziemlich Giftiges, weil er uns lähmt, zu handeln. Hier geht es nicht um die Dosis, die das Gift macht. Manche Menschen leben nach dem Motto: »Ein bisschen Neid ist gut, weil es ansport.« Doch ich sehe das anders. Ich unterscheide ganz klar zwischen »Ich bin neidisch auf eine Person« und »Eine Person spornt mich an, mehr an mir zu arbeiten, um besser zu werden«.

Neid ist etwas ziemlich Giftiges, weil er uns lähmt, zu handeln.

Wenn wir uns mal überlegen, worauf wir neidisch sind, kristallisieren sich zwei große Gruppen heraus:

- Dinge oder Eigenschaften, wofür eine andere Person hart gearbeitet hat.

- Dinge oder Eigenschaften, die einer anderen Person geschenkt wurden.

Hart für etwas arbeiten können wir alle. Wenn ich mir jemanden im Fitnessstudio angucke, der eine durchtrainierte Figur hat, dann sollte mir bewusst sein, dass derjenige vielleicht seit fünf Jahren fünfmal die Woche im Fitnessstudio trainiert. Niemand hindert mich daran, es genauso zu machen. Ich persönlich habe zum Beispiel immer in den Ferien Praktika gemacht – auch an coolen Orten. Manchmal haben Leute dann gesagt: »Wie hat Jana jetzt schon wieder diesen Praktikumsplatz bekommen?« Mir kam dann folgender Gedanke: »Hinter dieser einen Zusage, die ihr gerade seht, stecken hundert Bewerbungen. Von neunzig habe ich keine Antwort bekommen, neun haben mir abgesagt und hier bin ich jetzt.« Vieles von dem, auf das wir neidisch sind, können wir uns folglich selbst erarbeiten.

Doch daneben gibt es auch die Dinge oder Eigenschaften, die eine Person hat, ohne dass sie dafür etwas leisten musste. Vielleicht ist sie in eine tolle Familie hineingeboren worden oder hat »gute Gene«, sodass sie schnell Muskeln bekommt oder immer schlank ist. Wie oft war ich schon neidisch auf Leute, die essen konnten, was sie wollten, und nicht dick wurden. Ich empfand regelrecht Unmut gegenüber diesen Menschen und dachte: »Wie kann das sein, dass ich gefühlt schon vom Schokoladeangucken zunehme?« Wenn wir nach diesen Dingen streben, werden wir unglücklich. Wir können nicht mit harter Arbeit unsere Gene verändern oder die Familie wechseln. Mit jedem Versuch werden wir nur noch unglücklicher und unzufriedener mit uns selbst.

Letztlich lähmen uns beide oben genannten Gruppen. Sie halten uns davon ab, der zu sein, der wir sind, und das zu schätzen, was wir haben. Neid baut darauf auf, dass wir den Blick von uns wegnehmen und ihn auf die anderen richten. So leben wir in einem andauernden Defizit, immer in einem Das-bin-ich-Nicht und Das-habe-ich-Nicht. Wenn wir ständig nur auf die Dinge gucken, die wir nicht haben, aber bei anderen sehen, und gleichzeitig denken »Diese Dinge sind doch da, warum denn nicht bei mir?«, dann leben wir mit dem konstanten Gefühl, dass uns etwas fehlt.

Neid baut darauf auf, dass wir den Blick von uns wegnehmen und ihn auf die anderen richten. So leben wir in einem andauernden Defizit, immer in einem Das-bin-ich-Nicht und Das-habe-ich-Nicht.

Was kann ich also machen, wenn ich auf eine Person neidisch bin? Ich glaube, am Anfang steht die Erkenntnis: »Krass, ich bin neidisch.« Das Eingestehen von Neid entlastet die Person, auf die ich neidisch bin, denn diese hat ja per se nichts Schlechtes getan.

Im zweiten Schritt richte ich den Blick auf mich – weg von dem anderen – und überlege mir ganz konkret, welche Dinge ich habe und welche Eigenschaften mich ausmachen. Ich zähle alles auf, wofür ich dankbar bin, was ich wertschätze und was ich vielleicht sogar noch ausbauen möchte. Meistens stelle ich dann fest, dass das unglaublich tolle und wertvolle Dinge und Eigenschaften sind, auf die sogar andere neidisch sein könnten, wenn sie mich ansehen. Ab einem gewissen Grad tut mir diese Sicht allerdings auch nicht gut. Ich möchte nicht, dass andere auf meine Haarfarbe oder meine Augenfarbe neidisch sind, denn sie wurden mir geschenkt. Ich möchte nicht, dass andere auf meinen Studienplatz neidisch sind, denn ich habe ihn mir hart erarbeitet. Wenn ich merke, dass andere mir gegenüber Neid empfinden, hinterlässt das auch bei mir ein schlechtes Gefühl. Vielleicht ist es dir auch schon mal so ergangen und du hast festgestellt, dass du Dinge hast oder Eigenschaften besitzt, auf die andere neidisch sind. Sicherlich war das auch für dich kein schönes Gefühl. Es geht vielmehr um ein dankbares Herz, dass das anerkennt, was mir gegeben wurde.

Wie gehen wir nun damit um, wenn nicht wir diejenigen sind, die neidisch auf andere sind, sondern andere auf uns? Vielleicht äußern sie aus Neid sogar Kritik. Dann gilt es zu hinterfragen: »Aus welchem Grund kritisieren uns diese Menschen? Wollen sie uns helfen, besser zu werden? Wollen sie uns ein Ansporn sein? Oder kommt die Kritik aus einer neidischen Herzenshaltung heraus?« Schlussendlich schließt sich hier wieder der Kreis: Neid tut uns nicht gut, egal, ob wir ihn gegenüber anderen empfinden oder andere uns gegenüber, denn diese Personen, die neidisch auf uns sind, haben ihren Blick auf uns gerichtet. Heilsam wäre es, sie würden den Blick auf sich selbst richten und schauen, was sie selbst haben und geben können.

Fakt ist: Du wirst immer Leute finden, die »schlechter« sind als du, aber du wirst auch immer welche finden, die »besser« sind. Vergleichen macht unzufrieden – in beide Richtungen. Kurzfristig fühlst du dich vielleicht gut, wenn du feststellst, dass du in einem Vergleich besser abschneidest als andere. Doch dreh dich mal um 180 Grad herum. Du wirst sehen, dass es bis in alle Ewigkeit immer Menschen geben wird, die besser sind als du.

Ich möchte dich – und auch mich – ermutigen, vom Neid loszulassen und zu lernen, uns ehrlich und von ganzem Herzen mit jemand anderem zu freuen, und in gleicher Weise zu erwarten, dass sich andere mit uns freuen. Wenn wir das erleben, verdoppelt sich die Freude, und im Gegensatz zu Neid tut uns das wirklich gut.

Fakt ist: Du wirst immer Leute finden, die schlechter sind als du, aber du wirst auch immer welche finden, die besser sind. Vergleichen macht unzufrieden – in beide Richtungen.

Das ganze Jahr Weihnachten

E gal, ob du das Buch gerade im Hochsommer oder in der Adventzeit in der Hand hast: Dieses Kapitel ist für dich, jetzt in diesem Moment. Wenn ich an Weihnachten denke, muss ich sagen: Es kann ganz schön anstrengend sein – dieser Stress, das Geschenkekaufen, das Kochen, viel zu viel Essen, die ganze Family um einen herum. Die Verwandten wollen wissen, wann man heiratet, und die Großeltern, wie es in der Uni läuft …

Häufig habe ich das Gefühl, dass ich nach den Festtagen erst mal tief durchatmen muss: »Puh, geschafft! Vorbei diese Weihnachtstage. Vorbei der ganze Trubel und alles drum herum.«

Wie erlebst du Weihnachten und diese Zeit, in der man die Familie oftmals so geballt um sich hat? Bei mir zu Hause möchte meine Tante zum Beispiel immer, dass wir gemeinsam singen, und alle anderen haben keine Lust darauf. Generell ist unser Weihnachten von viel Gemeinschaft und gutem Essen geprägt.

Unser Geschenkeverhalten hat sich in den letzten Jahren stark gewandelt. Natürlich habe auch ich als Kind viele Dinge bekommen, die ich zuvor in einem Spielzeugladen gesehen und mir dann gewünscht habe. Mittlerweile sind wir aber dazu übergegangen, dass wir uns nahezu nichts mehr schenken. Ich möchte nicht in die Stadt gehen und einfach irgendwas kaufen, nur damit ich etwas habe, was ich dann verschenken kann.

Darüber hinaus kann ich mir, wenn ich irgendetwas brauche, es heute meist selbst kaufen oder meine Eltern unterstützen mich dabei. In den seltensten Fällen mangelt es mir an einer Sache, die ich wirklich nur zu Weihnachten bekommen könnte. Das ist ein echter

Segen, denn so können meine Familie und ich an Weihnachten die Gemeinschaft, die wir haben, als Geschenk wahrnehmen und daran denken, dass wir an diesem Tag nicht uns selbst feiern und beschenken, sondern dass Jesus auf die Welt gekommen ist. Gott wurde Mensch, kam als Kind und lag in dieser Krippe, im Dreck, im Stall. Das ist der Beginn der schönsten und größten Liebesgeschichte, die ich kenne. Daran glauben meine Familie und ich, und genau diese Liebesgeschichte wird bei uns an Weihnachten proklamiert. Wir haben uns als Familie immer mehr dahin entwickelt zu sagen: »Wir wollen wieder zu dem zurückkommen, was Weihnachten eigentlich ist, was Weihnachten uns bedeutet.« Wir möchten am Ende dieser Festtage nicht sagen müssen: »Puh, geschafft! Der Stress liegt hinter uns. Die Geschenke sind alle besorgt, das Essen steht auf dem Tisch«, sondern: »Wir wollen uns in der Adventszeit geistlich darauf vorbereiten, dass wir Jesu Ankunft auf dieser Welt feiern.« Genau das heißt Advent: Warten auf eine Ankunft.

Wenn ich höre: »Puh, geschafft! Vorbei. Der 27. Dezember ist endlich da«, dann frage ich mich: Was bleibt? Was bleibt von dieser Botschaft? Was bleibt von diesem Fest? Was bleibt von dem, worauf wir uns all die Tage so hektisch vorbereitet haben? Haben wir diese Weihnachtszeit wirklich in einem Da-sein und einer Ruhe genossen? Waren wir uns bewusst, was wir da eigentlich feiern? Woran wir denken? Mein Papa sagt immer: »Es zählt nicht, was du zwischen Weihnachten und Neujahr machst, sondern es zählt, was du zwischen Neujahr und Weihnachten machst.« Er bezieht diesen Satz immer auf das viele Essen, aber ich finde, man kann ihn auch erweitern.

Für mich hat die Weihnachtsgeschichte weit über den Dezembermonat hinaus Präsenz. Diese Geschichte geht weiter, wird weitergeschrieben und begründet, dass wir nur ein paar Monate später, im April, Ostern feiern. Ich glaube daran, dass Jesus, dessen Geburt wir an Weihnachten feiern, an jedem Tag des Jahres bei mir ist – nicht nur an diesem einen Tag im Dezember. Er ist bei mir und ich bin bei ihm.

Wie ist das bei dir? Zieht sich die Weihnachtsbotschaft durch dein Jahr hindurch? Trägt dich diese Botschaft in deinem Leben? Oder ist Weihnachten für dich ganz exklusiv eine Dezemberthematik?

In meinem Fall betrifft diese Geschichte, die weitergeht, auch das Schenken. Wenn ich im Juni etwas sehe, was meinem Bruder gefallen könnte, nehme ich es mit und schenke es ihm. Einfach so. Natürlich könnte ich es auch bis Dezember aufbewahren, aber lieber gebe ich es ihm sofort. Vielleicht ist das ja auch ein Impuls für dich: Wenn du das nächste Mal etwas siehst und an jemanden denkst, dem du damit eine Freude machen könntest, dann schenk es ihm doch einfach im Juni, wenn du es dir gerade leisten kannst.

Ich wünsche mir, dass sich die Botschaft und die Liebe, von der sie handelt, durch das Jahr hindurchzieht und dass wir nicht nur an Weihnachten ein Fest der Liebe und der Gemeinschaft feiern, sondern das ganze Jahr über. Wie schön wäre es, kleine Feste der Liebe und der Begegnungen zu feiern, indem wir Menschen begegnen. Mit Sicherheit freuen sich unsere Großeltern, wenn wir das ganze Jahr über immer mal wieder vorbeikommen oder anrufen und so Begegnungen schaffen.

Ich wünsche mir, dass sich die Botschaft und die Liebe, von der sie handelt, durch das Jahr hindurchzieht und dass wir nicht nur an Weihnachten ein Fest der Liebe und der Gemeinschaft feiern, sondern das ganze Jahr über.

Manchmal frage ich mich, ob Jesus, wenn er heute noch mal auf die Welt kommen würde, sich zu uns an den reich gedeckten Tisch setzen und mit uns Weihnachten feiern würde. Oder würde er nicht viel eher zu den Menschen gehen, die da allein vor einem Stück Brot mit Butter oder einem Keks sitzen? Zu Menschen, die niemanden haben, der sie umarmt? Wenn ich an Jesus und seine Botschaft denke, an den Jesus, der sich zu den Kranken, Aussätzigen, Einsamen und Armen gesetzt hat, dann glaube ich, dass er genau so auch heute handeln würde. Vielleicht hilft es uns, unsere Vorstellung von Gemeinschaft, Liebe, Fürsorge und Begegnung, von diesem Fest, das wir manchmal so kommerziell feiern, zu hinterfragen und diese Begriffe auf das eigentliche Geschehen herunterzubrechen: Jesus ist in die Welt gekommen. Die Art, wie er sein Leben gelebt hat, kann uns zum Vorbild werden, und daran erinnern, so zu handeln wie er.

Wenn ich an Jesus und seine Botschaft denke, an den Jesus, der sich zu den Kranken, Aussätzigen, Einsamen und Armen gesetzt hat, dann glaube ich, dass er genau so auch heute handeln würde.

Wenn du das Privileg hast, Weihnachten dieses Jahr mit deiner Familie zu feiern: Genieß die Gemeinschaft, das Essen und deine Großeltern. Genieß die ganzen Fragen und das gemeinsame Singen. Genieß einfach das Sein – auch in der Präsenz Gottes oder eines so schön geschmückten Baumes, denn das eine muss das andere ja nicht ausschließen. Genieß das. Sei dankbar. Tauch darin ein.

Aber ich wünsche mir, dass wir in all dem Glanz nicht vergessen, in welchem Staub Jesus geboren wurde. Lasst uns Zeit nehmen, um uns mal zu ihm in den Staub zu setzen und uns auf die Botschaft, an die wir glauben, und auf das Ereignis, das wir feiern, zu besinnen.

Und wenn gerade nicht Dezember ist, erinnere dich daran: Die Weihnachtsbotschaft gilt das ganze Jahr.

Sich selbst bewusst sein

17

Immer wieder sagen Menschen zu mir: »Jana, du wirkst so selbstbewusst. Warst du schon immer so oder bist du erst so geworden? Wie kann ich das werden?« Diese Menschen sprechen damit ein komplexes Thema an, bei dem vermutlich viele noch unsicher sind oder auf einem schmalen Grat wandern zwischen Selbstbewusstsein und »Ich will aber nicht arrogant wirken«.

Sicherlich ist Selbstbewusstsein zum einen ein Charakterzug, der veranlagt ist: Manchen Menschen fällt es einfach leichter als anderen, aus sich herauszukommen und für sich selbst zu stehen.

Zum anderen ist es aber auch Erziehung. Eines meiner frühesten Erlebnisse, an das ich mich bezüglich meines Selbstbewusstseins erinnern kann, begann mit einem Igel, der bei uns im Garten gewohnt hat. Ich fand das damals cool und habe deswegen in der Grundschule davon erzählt. Scheinbar war ich sehr begeistert, denn ich habe auch gleich noch ein Referat über den Igel gehalten – mit Plakat. Das war wie ein Anfang, an dem mir andere Gehör und eine Bühne geschenkt haben. Selbstbewusstsein hat also auch ganz viel mit unserem Umfeld zu tun: Wie fördern uns unsere Eltern oder Verwandten? Wie fördern uns schulische und bildungstechnische Einrichtungen? Neben Veranlagung und Erziehung hat Selbstbewusstsein aber auch etwas mit Lernen zu tun: Man kann lernen, selbstbewusst zu sein.

Doch was genau verstehe ich unter dem Begriff Selbstbewusstsein eigentlich? Zerlegt man das Wort in seine Bestandteile, erhält man zum einen das Wort »selbst«: Dieser Begriff beinhaltet all das, was ich mit meinen Gedanken, Gefühlen und Taten bin. Zum anderen erhält man das Wort »bewusst«: Ich bin mir sicher in dem, was ich bin. Ich bin mir über meine Stärken bewusst und weiß, was ich kann. Genauso bin ich mir aber auch über meine Schwächen bewusst. Kurz: Ich bin mir meiner selbst bewusst.

Ich weiß zum Beispiel, dass ich mit IT gar nichts anfangen kann. Wenn mein Computer abgestürzt ist, kenne ich keine rettende Tastenkombination – aber ich weiß, wen ich anrufen kann. Eine Schwäche ist nichts, wofür ich mich schämen muss, sondern vielmehr eine Stelle in meinem Leben, an der ich bedürftig bin.

Eine Schwäche ist nichts, wofür ich mich schämen muss, sondern vielmehr eine Baustelle in meinem Leben.

Auch das Selbstbewusstsein an sich kann so etwas für dich sein. Vielleicht gehörst du zu den Menschen, die für sich feststellen: »Okay, das ist nichts, was ich innerlich in mir habe. Es sprudelt nicht aus mir heraus. Ich muss es eher nach und nach, Stein für Stein freilegen oder aufbauen.« Wie kann das praktisch aussehen?

Der Anfang kann schon in Kleinigkeiten liegen: Indem du zum Beispiel einen Fremden nach dem Weg fragst, gehst du einen ersten Schritt in diese Richtung. Natürlich kannst du auch einfach bei Google Maps nachgucken, dann musst du mit niemandem kommunizieren und bleibst in deiner Komfortzone. Aber es geht bei diesem In-etwas-Reinwachsen darum, dass du mehr und mehr, Stück für Stück aus dieser Komfortzone heraustrittst.

Ich persönlich habe zum Beispiel dieses Aus-der-Komfortzone-Heraustreten erlebt, als ich mit meinem Bruder auf der Straße Flyer für seine EMS-Studios verteilt habe. Dafür musste ich Menschen ansprechen, von denen die meisten einfach kein Bock auf ein Gespräch hatten. Das Ergebnis war, dass ich erst mal abgelehnt wurde und lernen musste, damit umzugehen. Aber je öfter ich so etwas machen würde, desto sicherer würde ich werden und desto mehr würde ich an dieser Aufgabe wachsen. Mir hilft es auch, wenn ich mir kleine Tagesziele setze, die mich aus meiner Komfortzone herausholen, denn dann versuche ich nicht von heute auf morgen meinen kompletten Charakter umzukrempeln. Das würde wahrscheinlich sowieso nicht gelingen und am Ende wäre ich nur enttäuscht.

Doch warum fällt es vielen so schwer, selbstbewusst zu sein? Selbstbewusstsein wird von Menschen doch generell positiv bewertet und hat nichts mit Arroganz zu tun, ganz im Gegenteil. Selbstbewusst zu sein, heißt, seine Stärken und Schwächen zu akzeptieren und dementsprechend zu leben. Arroganz ist dagegen ein prahlerischer Umgang mit einer Stärke, während man ganz bewusst die eigene Schwäche nicht benennt. Das ist unehrlich und in letzter Instanz nicht selbstbewusst.

Selbstbewusst zu sein, heißt, seine Stärken und Schwächen zu akzeptieren und dementsprechend zu leben. Arroganz ist dagegen ein prahlerischer Umgang mit einer Stärke, während man ganz bewusst die eigene Schwäche nicht benennt.

Vermutlich hat fehlendes Selbstbewusstsein viel mit der Angst vor Ablehnung zu tun. Ein Beispiel: Mal angenommen, du möchtest eine ganz bestimmte Person fragen, ob du dich mit an ihren Tisch setzen darfst. Bisher hast du dich aber nicht getraut, zu fragen. Du warst einfach nicht selbstbewusst genug dafür. Doch irgendwann, nachdem du hundert Mal kurz davor warst, fragst du doch – und die Person sagt Nein. Dann hast du eine Ablehnungsquote von hundert Prozent, und das ist natürlich sehr entmutigend. Vielleicht entscheidest du dich nach diesem Erlebnis dafür, nie wieder jemanden zu fragen. Nach dem Motto: »Einmal und nie wieder«.

Meine Philosophie ist jedoch eine andere: Mach es nicht einmal, sondern hundert Mal, und zwar jedes Mal, wenn du darüber nachdenkst, es zu machen. Ja, es kann sein, dass du abgelehnt wirst, immer wieder und wieder, aber deine Quote an Jas, an Menschen, die dich an ihren Tisch einladen werden, wird deutlich höher sein. Du hast schlicht und ergreifend viel öfter die Chance, dass etwas Gutes passiert. Zudem liegt ein Nein nicht unbedingt an dir. Vielleicht hat die Person gerade keine Zeit für ein Gespräch, denn oftmals hat ein Nein vielmehr mit der Situation zu tun, in der sich die angesprochene Person gerade befindet: Vielleicht erwartet sie jemanden, ist gerade gestresst oder mit den Gedanken ganz woanders.

Was antworte ich denn nun den Menschen, die mich fragen: »Jana, wie bist du so selbstbewusst geworden? Woraus schöpfst du dein Selbstbewusstsein in Situationen, in denen du dich gar nicht selbstbewusst fühlst?« Zum einen ist es natürlich Übung, aber es hat für mich persönlich auch viel mit meinem christlichen Glauben zu tun, in dem ich verwurzelt bin. Selbstbewusstsein heißt ja, sich sowohl über seine Stärken als auch über seine Schwächen bewusst zu sein. In meiner Beziehung zu Gott weiß ich, dass ich in all meiner Stärke und all meiner Schwäche, in meiner Fehlerhaftigkeit und in allem, was ich versemmle, angenommen und geliebt bin. So, wie ich bin. Das ist etwas, was mir Gewissheit und eine Sicherheit schenkt, die ich selbst von mir aus so nicht habe. Gerade in Situationen, in denen ich denke: »Mir sackt hier gerade der Boden unter meinen Füßen weg und ich bin alles, aber nur nicht selbstbewusst.« Ich weiß dann: »Egal, was jetzt aus meinem Mund kommt, egal, wie unüberlegt oder gestottert – in all dieser Fehlerhaftigkeit bin ich geliebt und angenommen.« In der Bibel steht hierzu folgender Vers:

> »Meine Gnade ist alles, was du brauchst!
> Denn gerade wenn du schwach bist,
> wirkt meine Kraft ganz besonders an dir«
> (2. Korinther 12,9b; HFA).

In meiner Beziehung zu Gott weiß ich, dass ich in all meiner Stärke und all meiner Schwäche, in meiner Fehlerhaftigkeit und in allem, was ich versäumle, angenommen und geliebt bin.

Das durfte ich schon so oft erleben. Kurz bevor ich einmal auf Tour gegangen bin, habe ich zu jemandem gesagt: »Ich fühle mich gerade echt nach allem, aber mit Sicherheit nicht danach, acht Tage am Stück abends auf der Bühne davon zu erzählen, dass Gott gut ist und er uns liebt. Ich bin gerade einfach völlig verwirrt und fühle mich schwach!« Diese Person antwortete mir Folgendes: »Jana, in deiner Schwäche will und kann Gott stark sein. In deiner Schwäche ist Gott stark!« Das fand ich damals wirklich schön. Bei dieser Tour, bei meinen Auftritten und bei meinen Texten geht es immer um die Botschaft, die ich hinaustragen möchte. Dieser Vers hat mich noch mal demütig gemacht. Es ist ein Privileg, ein Geschenk, das mir Freude macht, und ich muss nicht in all dem stark sein, weil Gott es ist, der mir seine Stärke schenkt.

»Meine Gnade ist alles, was du brauchst! Denn gerade wenn du schwach bist, wirkt meine Kraft ganz besonders an dir«

(2. KORINTHER 12,9B; HFA).

Meinen, was wir beten

18

Vermutlich hat fast jeder in unseren Breitengraden schon einmal in seinem Leben das Vaterunser gehört. Viele kennen es sogar auswendig. Es wird in Gottesdiensten gebetet, im Konfirmandenunterricht gelernt und auf Beerdigungen gesprochen.

Doch letztens hat mich jemand gefragt: »Jana, was bedeutet das Vaterunser eigentlich für dein Leben?« Darüber musste ich erst einmal nachdenken: Welchen Stellenwert hat das Vaterunser in meinem Leben?

Ich habe mich daran erinnert, wie meine Mutter mit mir und meinen Geschwistern vor dem Schlafengehen immer gebetet hat, als wir Kinder waren. Wir haben uns aufs Bett gesetzt und dann zusammen das Vaterunser gebetet. Irgendwann habe ich gesagt: »Mama, ich kann das eigentlich im Schlaf. Ich könnte mich einfach hinlegen, das Vaterunser beten, schlafen und gut ist. Irgendwie hat das für mich so wenig echt empfundene Bedeutung. Können wir nicht einfach frei beten?« Daraufhin haben wir tatsächlich damit begonnen, dass jeder nach dem Vaterunser noch ein paar Sätze gebetet hat, die seine Gedanken, Sorgen und seine Dankbarkeit ausgedrückt haben. Wenn wir heute als Familie zusammen beten, dann beten wir meistens das, was uns auf dem Herzen liegt.

Aber diese Frage zum Vaterunser hat mich ins Nachdenken gebracht. Was sagt eigentlich die Bibel zum Vaterunser? Was sagt Jesus dazu, denn das Vaterunser kommt ja im Kontext der Bergpredigt vor.

Wenn ihr betet, dann leiert nicht Gebetsworte
herunter wie die Heiden. Sie meinen, sie könnten bei Gott etwas
erreichen, wenn sie viele Worte machen.
Ihr sollt es anders halten. Euer Vater weiß,
was ihr braucht, bevor ihr ihn bittet.
So sollt ihr beten: Unser Vater im Himmel!
Mach deinen Namen groß in der Welt.
Komm und richte deine Herrschaft auf.
Verschaff deinem Willen Geltung, auf der Erde
genauso wie im Himmel.
Gib uns, was wir heute zum Leben brauchen.
Vergib uns unsere Schuld, wie auch wir allen vergeben haben,
die an uns schuldig geworden sind.
Lass uns nicht in die Gefahr kommen, dir untreu zu werden,
sondern rette uns aus der Gewalt des Bösen.
Matthäus 6,7-13; GNB

Mich hat diese Übersetzung aus der Guten-Nachricht-Bibel überrascht. Ich musste ein bisschen langsamer lesen, als ich den Text das
erste Mal gelesen habe, denn bekannter ist das Vaterunser in der Lutherübersetzung. Dort heißt es:

Unser Vater im Himmel!
Dein Name werde geheiligt.
Dein Reich komme. Dein Wille geschehe
wie im Himmel so auf Erden.
Matthäus 6,9a-10

Mir sind dabei sofort folgende Sätze von Jesus ins Auge gesprungen:
»Wenn ihr betet, dann leiert nicht Gebetsworte herunter [...]« Dann
folgt das Vaterunser als ein Gebet, das uns zu beten lehren soll. Das
fand ich wirklich paradox, denn wenn ich an das Christentum denke

und die Art und Weise, wie wir beten, dann kenne ich kein anderes Gebet, das so oft heruntergeleiert wird wie das Vaterunser. So, als sei es nur ein Ritual.

Das ist genau das, was ich meine, wenn ich sage: »Die meisten kennen es auswendig, irgendwie kann es jeder mitsprechen.« Ich schließe mich da selbst mit ein. Ich habe das Vaterunser bestimmt auch schon einige Male heruntergeleiert. Aber Jesus hat genau davor gewarnt oder darum gebeten, dass wir das nicht tun sollen, denn diese Worte haben Kraft. Sie sind klar, haben Autorität und meinen, was sie sagen.

Als ich all das nachgelesen habe, musste ich mich selbst noch mal zurückbesinnen und schauen, was mir die einzelnen Aussagen dieses Gebets konkret sagen, denn wenn wir den Text genau lesen, sind diese Sätze richtig heftige, inhaltsschwere Aussagen und Bitten. Wahrscheinlich liegt es gar nicht an diesen Worten selbst, gar nicht an dem Vaterunser, dass wir Gebete manchmal einfach so von uns geben und gar nicht wirklich mit unseren Gedanken dabei sind. Wahrscheinlich liegt es an uns.

Manchmal erlebe ich es in Gemeinden, dass man noch gar nicht richtig angekommen ist, aber schon folgende Sätze gebetet werden: »Vater, wir danken dir für die Gemeinschaft und dass wir alle zusammenkommen können.« Das sind ganze Satzbausteine, die mir schon bekannt sind und auf die häufig zurückgegriffen wird, ohne dass sie in dem Moment Bedeutung haben müssen. Darin liegt das eigentliche Problem.

Wenn du mich unabhängig vom Vaterunser fragst, »Jana, was ist für dich Gebet?«, dann würde ich dir wie aus der Pistole geschossen antworten: »Kommunikation. Ich tausche mich mit Gott aus, ich spreche zu Gott, ich sage ihm, was auf meinem Herzen ist, und bringe ihm mein Lob, meine Dankbarkeit, auch meine Zweifel, meine Trauer, meine Bitten.« Ich würde sofort sagen: »Es ist verbale Kommunikation.«

In den letzten Jahren habe ich mich aber auf eine Reise begeben, auf der ich noch mehr Facetten des Gebets entdeckt und beleuchtet habe. Irgendwann ist mir bewusst geworden, dass Gott mich in jedem Moment meines Lebens ansieht, dass sein Blick ständig auf mich gerichtet ist. Genauso ist sein Blick auch auf dich gerichtet. Gebet kann dann auch heißen, einfach nur diesen Blick zu erwidern, in Ruhe anzukommen, dazusitzen, vielleicht auch gar nichts zu sagen. Gebet ist dann Begegnung.

Stell dir vor, du sitzt in einem Café oder auf der Couch mit einem Freund zusammen und ihr unterhaltet euch. Ihr tauscht euch aus und du erzählst ihm von deinem Tag mit all seinen Sorgen. Er hört dir vielleicht auch zu, aber gedanklich ist er bei seinen Mails, bei all den Dingen, die er noch tun muss, oder bei dem, was er sich gleich kochen möchte. Dann merkst du, dass dieser Mensch nicht bei dir ist. Er ist zwar auf der Couch, aber er ist nicht bei dir. Das ist keine Begegnung, wenngleich es Kommunikation ist.

Genauso aber könntet ihr euch gegenübersitzen – ohne Worte –, ihr würdet einfach nur den Blick des anderen erwidern und euch begegnen. Ich glaube, dass auch die Stille, die Ruhe, vielleicht auch die Haltung des Empfangens und des Zuhörens eine Haltung von Gebet sein kann. Vielleicht fragst du dich jetzt: »Wie kann ich denn Gottes Blick erwidern? Okay, in die Augen eines anderen Menschen, der mir gegenübersitzt, kann ich gucken. Aber in Gottes Augen?«

Ich glaube, dass auch die Stille, die Ruhe, vielleicht auch die Haltung des Empfangens und des Zuhörens eine Haltung von Gebet sein kann.

Glaube mir, diese Frage habe ich mir auch gestellt und stelle sie mir immer noch. Für mich ist dieses In-der-Ruhe-Ankommen ein Weg und ich bin in der Ruhe noch lange nicht so geübt wie im Reden. Mit Gott reden kann ich mittlerweile relativ flüssig, aber einfach in der Ruhe ankommen fällt mir schwer. Wirklich. Ich bin gefühlt den ganzen Tag auf Social-Media-Kanälen unterwegs, bin am Handy und in sehr vielen Welten gleichzeitig. Die Vorstellung von einem Ich-komme-einfach-irgendwo-an-und-Bin war mir sogar, um ehrlich zu sein, im ersten Moment zuwider.

Ich war mal auf einer Reise zehn Tage komplett offline. Diese Vorstellung war für mich am Anfang wirklich skurril. Ich hatte den Gedanken, dass ich mich darauf vorbereiten muss. Mir fällt es schwer, einfach alles loszulassen und zu sagen: »Ruhe, komm über mich.« Also bin ich in den Wochen vor dem Urlaub fast jeden Tag eine Stunde spazieren gegangen und habe versucht, mich auf das Hier und Jetzt zu fokussieren.

Aber oft kam mir beim Laufen zum Beispiel der Gedanke an eine Mail. Dann habe ich mir gedacht: »Okay, das ist wichtig, ich muss diese Mail noch beantworten, aber das ist nicht das Hier und Jetzt.« Ich habe versucht, mich zu refokussieren und meinen Blick auf die Natur zu richten, die um mich herum war. Wenn ich dann diese schönen Blumen gesehen habe oder das Wasser, auf dem sich die Sonne gespiegelt hat, sodass es glitzerte, dann war das für mich ein Moment, in dem ich in der Schöpfung dem Schöpfer begegnete und sein Werk bestaunte.

Genau das sind die Momente, in denen ich Gottes Blick erwidere, indem ich nur wahrnehme und den Moment auf mich wirken lasse, ohne zu bewerten. Vielleicht klingt das für dich abstrakt – und das ist es für mich selbst auch –, aber ich ermutige dich, es auch mal zu versuchen. Ich glaube, dass es Gebetshaltungen gibt, die wir üben können. Ich zum Beispiel darf üben, ruhig zu werden, und andere wiederum können lernen, die passenden Worte zu finden.

In dem Prozess, in dem ich mich wieder neu mit dem Vaterunser auseinandergesetzt habe, ist mir aufgefallen, dass ich diese Worte gern bewusst bete und dass ich es liebe, Teil einer Gemeinschaft zu sein. Ich mag es, wenn zum Beispiel im Rahmen eines Gottesdienstes oder auf einem Festival von vorne gesagt wird: »Wir beten jetzt« und jeder sofort weiß, dass wir jetzt das Vaterunser beten. Dass wir so beten, wie Jesus es uns gelehrt hat. Wenn dann viele Menschen gemeinsam beginnen, diese Worte, die ihnen bekannt sind, zu beten, dann fühle ich mich als Teil des Leibes Christi und als Teil einer Gemeinschaft, die zu Gott gehört.

Deswegen glaube ich, dass es gut ist, diese Verse auswendig zu kennen. Ich denke dabei auch an die Menschen, denen die Schrift nicht zur Verfügung steht, diejenigen, die diese Worte auswendig können und sie brauchen, um sich an ihnen festzuhalten. Dadurch erleben sie Gemeinschaft, auch ohne im Wort lesen zu können, weil sie diese Worte verinnerlicht haben.

Diese Momente, in denen ich mit anderen gemeinschaftlich das Vaterunser beten sind für mich heilige Momente. Natürlich kann ich das auch empfinden, wenn ich die Verse für mich allein in Ruhe spreche. Aber das Vaterunser hat für mich ganz besonders den Wert der Gemeinschaft und des gemeinschaftlichen Betens. Und das ist etwas, das ich nicht missen möchte.

Das Vaterunser hat für mich ganz besonders den Wert der Gemeinschaft und des gemeinschaftlichen Betens.

Kaffeetrinken mit Gott

136

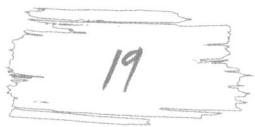

19

Als Christin sage ich immer mal wieder: »Ich liebe Gott.« Das ist eine Aussage, über die sich vielleicht so mancher wundert: Wie kann ich jemanden lieben, der nicht als Person existiert? Gott ist niemand aus meinem nahen Umfeld wie mein Bruder oder meine Freundin, mit denen ich mich auf einen Kaffee treffen kann. Im Matthäusevangelium steht zu dem Thema Folgendes:

Jesus aber sprach zu ihm:
»Du sollst den Herrn, deinen Gott, lieben von ganzem Herzen,
von ganzer Seele und von ganzem Gemüt« (5. Mose 6,5).
Dies ist das höchste und erste Gebot.
Matthäus 22,37–38

Jesus bringt es hier ganz klar auf den Punkt: Gott zu lieben, ist das höchste und erste Gebot. Doch was heißt das nun konkret, wenn ich sage: »Ich liebe Gott«?

In der Bibel finden wir hierfür Bilder aus unserem Leben und unserem Alltag, die beschreiben, wer Gott für uns ist. Jesus nennt Gott beispielsweise »Abba«, das heißt »Vater« oder – noch genauer – »Papa«, und auch wir dürfen ihn so nennen (vgl. Markus 14,36; Römer 8,15). Diese Anrede drückt eine ganz persönliche Beziehung zwischen mir und meinem Gott aus. Sicherlich hat eine Aussage wie »Ich liebe Gott« viele Facetten, doch die Grundvoraussetzung, um jemanden zu lieben, ist immer, dass ich ihn kenne. Erst wenn ich jemanden kennengelernt habe, kann sich daraus eine Freundschaft entwickeln und im Verlauf dieses Prozesses sogar Liebe entstehen.

Erst wenn ich jemanden kennengelernt habe, kann sich daraus eine Freundschaft entwickeln und im Verlauf dieses Prozesses sogar Liebe entstehen.

Genauso ist das bei Gott: Ich kann ihn nur lieben, wenn ich ihn vorher auch kennengelernt habe. Und wie geht das? Schließlich kann ich ihm keine WhatsApp-Nachricht schreiben: »Hey, treffen wir uns um siebzehn Uhr auf einen Kaffee?«

Um Gott kennenzulernen, gibt es verschiedene Wege. Einer ist sicherlich, in der Bibel zu lesen. In ihr finden wir Geschichten, die uns erzählen, wie Gott handelt und wie sein Herz ist.

Ich kann aber auch betrachten, wie mein irdischer Vater mit mir umgeht, wenn ich wissen möchte, wie Gott ist, denn Gott begegnet mir als ein liebender Vater. Es kann natürlich sein, dass du hier andere Erfahrungen gemacht hast als ich, weil du nicht mit einem liebenden Papa groß geworden bist, der dich unterstützt hat. Dann ist es für dich unter Umständen schwer oder sogar schmerzhaft, solche Vergleiche herzustellen. Doch ich möchte dir Folgendes zusprechen: Auch wenn du diese Erfahrung in deiner Kindheit nicht gemacht hast, so darfst du doch wissen, dass du in Gott einen liebenden Vater hast. Vielleicht können die zwei folgenden Geschichten, die ich mit meinem Papa erlebt habe, dir deutlich machen, was ich meine. Sie sind letztlich auch Bilder – ähnlich wie die Bibel sie verwendet:

Ich wurde mal zu einem Poetry-Slam-Auftritt nach Köln eingeladen, zu dem mein Vater mich begleitet hat. Wir haben auf dem Hinweg noch einen Zwischenstopp bei einem Elektrofachgeschäft eingelegt, um Druckerpatronen zu kaufen. Dort haben wir vor einem

Plakat ein Foto gemacht: mein Papa und ich. Ich war richtig stolz, mit ihm dort zu stehen und dieses Foto zu machen. Plötzlich bekam ich eine Nachricht: »Hey, steht noch alles mit morgen?« Ich war total erschrocken: »Wie mit morgen? Ich bin doch heute schon da!« Doch ich hatte mich tatsächlich im Datum geirrt und war einen Tag zu früh angereist. Und alles, was mein Papa damals sagte, war: »Macht nichts, hier sind die Druckerpatronen eh besser.« Er ist mit mir die hundert Kilometer wieder zurück nach Koblenz gefahren – und am nächsten Tag wieder mit mir nach Köln.

Ein anderes Erlebnis: Ich hatte einen Auftritt in Norddeutschland und wollte den Zug nach Celle um fünf Uhr morgens nehmen. Doch ich verschlief, und nicht nur ich – alle anderen auch. Ich bin hochgeschreckt und habe alle wachgeschrien: »Ahh! Warum hat mich keiner geweckt?« Und was hat mein Papa gemacht? Er hat sich noch einmal im Bett umgedreht, ist um 6.30 Uhr aufgestanden und hat mich die fast 500 Kilometer in den Norden gefahren. Alles, was er sagte, war: »Ich wollte eh mal wieder Zeit mit dir verbringen.«

Diese vorwurfsfreie, bedingungslose und übersprudelnde Liebe kann ich mir nicht verdienen oder mit irgendetwas, was ich gut gemacht habe, rechtfertigen. Mein Papa bringt sie mir entgegen – einfach so. Genauso ist Gott. Er ist wie ein Vater für mich.

Diese vorwurfsfreie, bedingungslose und übersprudelnde Liebe kann ich mir nicht verdienen oder mit irgendetwas, was ich gut gemacht habe, rechtfertigen.

Gleichzeitig hat Gott auch eine mütterliche Seite. In der Bibel steht: *»Ich will euch trösten, wie einen seine Mutter tröstet [...]« (Jesaja 66,13a).* Wenn ich sehe, wie liebevoll meine Mama mit mir umgeht, dann denke ich: »Genauso, und wahrscheinlich noch viel mehr, liebt mich Gott.« Das sind Liebes-Dimensionen, die meinen Horizont übersteigen. Meine Mama will das Beste für mich, immer nur das Allerbeste. An den Tagen, an denen ich krank war, hat sie die Nächte durchgemacht, um neben mir zu sitzen. Ich habe das Gefühl, sie leidet mehr als ich, wenn es mir nicht gut geht.

Diese väter- und mütterliche Liebe ist zwar ein riesengroßer Aspekt von Liebe, aber er beschreibt sie dennoch nicht in ihrer Gesamtheit, denn zu unseren Freunden können wir ebenfalls Liebe empfinden. Genauso liebt Gott mich nicht nur wie ein Vater und eine Mutter, sondern er interessiert sich wie ein Freund für mich und mein Leben. Eine Freundschaft lebt davon, dass man sich austauscht und weiß, was den anderen bewegt und was er gerade erlebt. Man teilt Leben miteinander. Von meinen Freunden möchte ich schließlich wissen, wie es ihnen geht, und frage nach: »Was hast du gemacht? Gib mir mal ein Update über dein Leben, ich habe schon lange nichts mehr mitbekommen!« So will auch Gott wissen, was bei mir abgeht, und ich möchte es ihm sagen, will mit ihm kommunizieren.

Vaterliebe, Mutterliebe, Liebe zu Freunden: All das beschreibt, wie Gott *mich* liebt. Aber in dem Gebot aus dem Matthäusevangelium heißt es: *»Du sollst den Herrn, deinen Gott, lieben von ganzem Herzen, von ganzer Seele und von ganzem Gemüt.«* In der Bibel steht, dass wir Kinder Gottes sind (vgl. Johannes 1,12) und dieser familiäre Kontext beschreibt das Wechselseitige unserer Gottesbeziehung sehr gut. Es ist wie in einer Familie. Auch hier kann ich mir der Liebe sicher sein. Aber ich wache nicht jeden Morgen auf und denke: »Huch, wir lieben uns ja alle. Ich habe Schmetterlinge im Bauch und fühle diese Liebe.« Eher im Gegenteil: Familiäre Liebe ist ein Zustand. Wenn man schon lange mit jemandem befreundet ist, dann steht das Gefühl gar nicht mehr zur Debatte, sondern man lebt diese Beziehung in einem Zustand der Gewissheit und der Sicherheit, dass man sich in Liebe begegnet.

Doch wie sieht das Ganze praktisch aus? Die einzelnen Taten für sich genommen sind ja noch nicht mit Liebe gleichzusetzen. Wenn ich von meinem Vater nach Celle gefahren werde, ist das von außen betrachtet erst mal eine Handlung: Mein Papa fährt mich mit dem Auto irgendwohin. Erst wenn man die Taten mit dem Herzen der Liebe erlebt oder für jemand anderen tut, ergibt sich das Bild der Liebe. Die Liebe meiner Eltern, meiner Geschwister und meiner Freunde erwidere ich, indem ich aktiv handle – ich liebe sie zurück.

Und Gott? Ihm kann ich schließlich keinen Kaffee kochen, oder? Nein, aber ich kann ihm meine Liebe zeigen, indem ich meinem Nächsten diene oder zum Beispiel im Gottesdienst mitarbeite. Dienen ist im Wort »Gottesdienst« sogar schon enthalten. Es gibt so viele Möglichkeiten, meiner Liebe zu Gott aktiv Ausdruck zu verleihen und ihn zu ehren. Gehorsam ist eine davon. Gehorsam setzt sich zusammen aus »hören« und »handeln«. Auch Zeit, die wir bewusst mit Gott verbringen, um von ihm zu hören und daraus entspringend nach seinem Herzen zu handeln, ehrt ihn. Es lohnt sich, hier die Augen offen zu halten ... Überleg doch mal ganz konkret, wo du heute deine Liebe zeigen kannst!

Und nun zurück zum Anfang: Ja, wir können mit Gott einen Kaffee trinken gehen. Nimm dir doch einfach mal die Zeit, die du dir sonst nehmen würdest, um dich mit einer Freundin im Café zu treffen, und setzt dich allein an einen Tisch – lass Raum dafür, dass Gott sich dir gegenübersetzen kann. Nimm dir dein Tagebuch mit oder deine Bibel, vielleicht Kopfhörer, um einen Podcast anzuhören – wie auch immer du am liebsten und am besten Zeit mit Gott verbringen kannst, und sei ganz mit ihm da. Nur du – nur nicht alleine.

Auf dem Weg zur Wahrheit

20

Was ist Wahrheit? Ich bin nicht die erste Person auf der Welt, die diese Frage beschäftigt. Bereits Pilatus stellte sie Jesus, als dieser vor Gericht stand, doch in dieser Szene bleibt die Frage unbeantwortet. Nach all den theologischen, ethischen und philosophischen Diskussionen, die diesbezüglich bereits stattgefunden haben, aktuell stattfinden und vermutlich auch in Zukunft noch stattfinden werden, werde auch ich nicht die eine Antwort geben. Aber ich möchte mich der Frage nähern und mögliche Antworten beleuchten.

Wenn ich frage »Was ist Wahrheit?«, dann muss ich mich auch fragen »Was ist Lüge?«. Stell dir zum Beispiel vor, du sitzt bei einem Freund oder einer Freundin zu Hause am Familientisch, die Mutter hat gekocht und ihr esst gemeinsam. Drei potenzielle Szenarien wären jetzt möglich:

Szenario 1: Dir schmeckt das Essen richtig gut und du hast es auf dem Herzen zu sagen: »Das schmeckt total gut!« Diese Möglichkeit wäre natürlich die schönste: Du hast die Wahrheit gesagt, es hat dir wirklich geschmeckt, die Mutter ist glücklich und alles ist cool.

Szenario 2: Das Essen schmeckt dir überhaupt nicht. Es fragt dich allerdings auch niemand, ob es dir schmeckt. Ich weiß, meistens fragen Mütter, insofern ist dieses Szenario nicht ganz wahrscheinlich. Aber mal angenommen. Ist es jetzt an der Zeit, die Wahrheit zu sagen und zuzugeben, dass es dir nicht schmeckt? Oder solltest du vielleicht lieber schweigen, immerhin hat dich auch niemand direkt gefragt?

Szenario 3: Das Essen schmeckt dir nicht, du wirst allerdings gefragt: »Na, schmeckt es dir?« Ist jetzt der Zeitpunkt gekommen, an dem du die Wahrheit sagen musst? Denn das achte Gebot sagt klar und deutlich: »Du sollst nicht lügen.«

Ich hoffe, du protestierst gerade und sagst: »Da steht gar nicht ›Du sollst nicht lügen.‹« Ehrlich gesagt habe ich bis vor Kurzem noch gedacht, dass es da so stehen würde. Aber eigentlich heißt es dort: »*Du sollst nicht falsch Zeugnis reden wider deinen Nächsten*« *(2. Mose 20,16)*. Das ist etwas signifikant anderes. Damals zu Moses Zeiten hatte man vor Gericht noch keine DNA-Beweise. Jemand wurde frei oder schuldig gesprochen, wenn das Zeugnis von zwei Männern für oder gegen ihn sprach. Das heißt: Das Zeugnis entschied über die Zukunft und das Leben eines anderen Menschen. Und schon damals galt: Wahrheit und Lüge haben immer auch den anderen im Blick.

Mit diesem Blick auf den anderen möchte ich noch mal an den Esstisch zurückkehren. Du sitzt dort und wirst gefragt, ob es dir schmeckt. Wie artikuliere ich meine Wahrheit, wenn ich in einer solchen Situation bin? Ich persönlich würde mir vor meiner Antwort die folgenden Fragen stellen: »Ist es gut?« und »Ist es hilfreich?«[6] Es ist dieser Weg zwischen Wahrheit und Liebe, den man finden sollte – und der sich auch finden lässt. In diesem Fall mag es also weder gut noch hilfreich sein, der Mutter deines Freundes ein ehrliches Feedback zu geben.

Wenn Lüge und Wahrheit den anderen im Blick haben sollen, dann stellt sich mir auf dieser Basis erneut die Frage: »Darf ich lügen? Darf ich im vollen Bewusstsein etwas äußern, von dem ich weiß, dass es nicht wahr ist. Und wenn ja, wann?«

Immanuel Kant, ein bekannter Philosoph, hat einmal gesagt, dass das eigene Handeln so sein sollte, dass sich alle anderen Menschen daran orientieren könnten. Es sollte zu einer Maxime, zu einem Gesetz werden können. Kant nannte das den »kategorischen Imperativ«.[7]

Angenommen die Maxime wäre: »Du sollst nicht lügen« und dieser Maxime fühle ich mich verpflichtet. Gedanklich reise ich jetzt in der Zeit zurück und stelle mir vor, ich hätte im Dritten Reich gelebt und Juden zu Hause versteckt. Was hätte ich getan, wenn die Gestapo gekommen wäre, an die Tür geklopft und mir die Frage gestellt hätte: »Hast du hier Juden versteckt?« Wem oder was hätte ich mich dann verpflichtet gefühlt? Der Maxime »Du sollst nicht lügen«? Dann hätte ich Ja sagen müssen und mein eigenes Leben und das der Juden, die ich versteckt habe, geopfert. Oder hätte ich mich von der Maxime gelöst, nicht um der Wahrheit willen, sondern um des Lebens willen, und Nein gesagt? Niemals würde ich Menschen, die Juden versteckt hatten und Nein gesagt haben, um Leben zu retten, böswillig als Lügner beschimpfen. Im Gegenteil: Sie sind Helden – wenngleich sie gelogen haben. Warum? Weil unsere Handlungen, Entscheidungen und das Artikulieren von Wahrheit und Lüge immer Konsequenzen haben. Meine Handlung, deine Handlung hat Konsequenzen. Diese Menschen, die Juden versteckt und ihretwegen gelogen haben, haben das Leben anderer im Blick gehabt.

Hier schließt sich der Kreis. Lüge und Wahrheit stehen nicht für sich im Raum und haben den Anspruch von Maximen. Artikulation und Handeln, beides hat Konsequenz und sollte den anderen im Blick haben. Diese Spannung löst sich nicht mit purer Gesinnungsethik auf. Es geht bei der Frage nach Wahrheit in einer konkreten Situation nicht nur um mich, sondern um die Konsequenz meines Handelns. Und da spielt für mich Verantwortung eine große Rolle.

Es geht bei der Frage nach Wahrheit in einer konkreten Situation nicht nur um mich, sondern um die Konsequenz meines Handelns.

145

Die Frage »Was ist Wahrheit?« bleibt. Die habe ich immer noch nicht beantwortet. Ich denke, dass es zwei Richtungen gibt, die man hier beachten muss.

Zum einen gibt es Wahrheiten, die jeder Mensch in seinem Herzen trägt, die er glaubt und artikuliert. Bei jeder Aussage, die man macht und hinter die man einen Punkt setzt, hat man einen Anspruch auf Wahrheit, da es sich um die eigene Perspektive, den eigenen Standpunkt handelt. Das ist eine sehr subjektive Wahrheit, die man nicht absolut setzen kann.

Es gibt aber auch die biblische Wahrheit. Wenn Jesus sagt: »*Ich bin der Weg und die Wahrheit und das Leben; niemand kommt zum Vater denn durch mich*« *(Johannes 14,6)*, dann nimmt er Wahrheit für sich in Anspruch. Das ist eine extreme Beanspruchung dieses Wortes. Aus christlicher Perspektive und Überzeugung heraus glaube ich, dass die Antwort auf die Frage »Was ist Wahrheit?« sich in Jesus findet. »*Ich bin der Weg und die Wahrheit und das Leben; niemand kommt zum Vater denn durch mich.*«

Das zu erkennen, ist ein Prozess. Niemand kann die Wahrheit besitzen, sondern man ist immer auf dem Weg, sie zu entdecken. Genau das sagt die Bibel: »*Ihr werdet die Wahrheit erkennen, und die Wahrheit wird euch frei machen*« *(Johannes 8,32; NLB)*. Hier ist außerdem der Charakter der Wahrheit beschrieben: Sie hat etwas Klärendes, etwas Heilendes, etwas Wohltuendes. Wenn du mit einem Knochenbruch zum Arzt kommst, wird er nicht einfach einen Verband anlegen und sagen: »Das heilt schon wieder zu.« Er wird den Knochenbruch richten und dir einen Gips anlegen, damit er heilen kann. Wahrheit, genauso wie Heilung – das ist ein Prozess und dieser Weg, auf den wir uns machen, kann auch mal wehtun.

Meine YouTube-Videos erinnern mich jedes Mal an die Prozesshaftigkeit von Wahrheit: Alles, was ich dort sage, ist nur meine subjektive Sicht. Früher habe ich oft knallhart meine eigene Sichtweise gesagt. Doch ich habe gemerkt, dass das nicht immer weise und angebracht ist, denn so oft tragen Menschen ihre ganz persönlichen Geschichten mit sich herum. Ich werde mich davor hüten, etwas als absolut zu artikulieren, ohne die Geschichte meines Gegenübers zu kennen und ohne die Möglichkeit, ihm und seinem Herzen im Nachgang zu begegnen.

Ich habe verstanden, dass Wahrheit ohne Liebe, dass Klarheit ohne Milde hart ist. So will ich nicht sein, weil Jesus auch nicht so war. Ihm, der die Wahrheit in Person war und ist, ging es nie nur um die Sache. Ihm ging es immer um den Menschen und sein Herz, ohne dabei die Wahrheit aus dem Fokus zu verlieren. Wenn das unser Blick ist, dann sind wir auf einem guten Weg, die Wahrheit so zu erkennen, wie die Bibel es sagt.

Paulus schreibt im ersten Korintherbrief: *»Denn unser Wissen ist Stückwerk« (1. Korinther 13,9a).* All unser Erkennen ist immer nur Fragment. Kein Mensch dieser Welt besitzt *die* Wahrheit, wir alle haben unsere Standpunkte. Ich persönlich finde es ein schönes Bild, zu sagen: Aus der Verschiedenheit unserer Standpunkte heraus können wir uns auf den Weg zu der einen Wahrheit machen, die Jesus ist.

Aus der Verschiedenheit unserer Standpunkte heraus können wir uns auf den Weg zu der einen Wahrheit machen, die Jesus ist.

Ich habe verstanden, dass Wahrheit ohne Liebe, dass Klarheit ohne Milde hart ist. So will ich nicht sein, weil Jesus auch nicht so war. Ihm, der die Wahrheit in Person war und ist, ging es nie nur um die Sache. Ihm ging es immer um den Menschen und sein Herz, ohne dabei die Wahrheit aus dem Fokus zu verlieren. Wenn das unser Blick ist, dann sind wir auf einem guten Weg, die Wahrheit so zu erkennen, wie die Bibel es sagt.

Wenn Lieder sprechen

21

Es gibt einige Lobpreislieder, die mag ich so sehr, dass ich sie tatsächlich als meine Lieblingslobpreislieder bezeichnen würde. Dabei geht es mir allerdings vor allem um den Text, der mir zu hundert Prozent gefallen muss. Ich höre gar nicht, ob da eine musikalische Glanzleistung vollbracht oder welche Instrumente gespielt wurden. All das kann ich nicht beurteilen – den Text aber schon. Ich bin einfach ein totaler Wort-Mensch.

Weißt du, was das Coole ist? Beim Lobpreis geht es überhaupt nicht darum, ob man gut singen oder schlecht singen kann, ob man die Töne trifft oder nicht. Es geht um das Herz, das in einer Haltung der Anbetung ist.

Es gibt ein Lied aus meiner Jugendzeit, an das ich mich noch gut erinnere. Ich habe es aufgrund des Textes, vor allem aufgrund einer Strophe, immer sehr gern und von Herzen gesungen. Das Lied heißt »Jesus, Herr, ich denke an dein Opfer«[8] und die Strophe, die mich so bewegt hat, ist diese:

Und wieder schau ich hin zum Kreuz,
wo du für mich starbst,
ergriffen von der Gnade und zerbrochen im Geist.
Wieder dank ich dir, Herr,
wieder geb ich mein Leben hin.

Ich liebe diesen Text und diese Worte. Sie sprechen mir so sehr aus dem Herzen und sind wie ein Gebet für mich: »Ich stehe wieder vor dem Kreuz und schaue hin. Dorthin, wo du gehangen hast, als

Jesus Christus, Gottes Sohn.« In den meisten Gemeinden befindet sich vorne ja tatsächlich ein Kreuz. Man steht in den Stuhlreihen und blickt es an. Insofern kann ich immer wieder wirklich von Herzen singen: »Und wieder schau ich hin zum Kreuz, wo du für mich starbst. Ergriffen von der Gnade und zerbrochen im Geist.«

Niemand liebt mehr als einer, der sein Leben für seine Freunde gibt (vgl. Johannes 15,13). Und so betete ich damals – und bete noch heute – aus tiefstem Herzen: »Was ist das für eine Gnade, dass du deinen Sohn ans Kreuz geschickt hast, damit ich leben kann, damit mir die Sünden vergeben werden, damit ich ein Leben nach dem Tod habe und die tiefe Zuversicht, dass dein Reich schon im Hier und Jetzt beginnt.«

Der letzte Satz berührt mich besonders: »Wieder geb ich mein Leben hin.« Nachfolge heißt für mich, dass man sich und seine Wünsche aufgibt, sein Kreuz auf sich nimmt und Jesus nachfolgt. Jesus selbst sagt:

> **Wer mir folgen will,**
> **muss sich und seine Wünsche aufgeben,**
> **sein Kreuz auf sich nehmen und**
> **auf meinem Weg hinter mir hergehen.**
> Matthäus 16,24a; GNB

Ich glaube, dieses Aufgeben ist etwas, was die Menschen nicht nur zu Jesu Zeiten nicht gern gehört haben, sondern etwas, das auch in unserer Zeit nicht gern gehört wird. Heute geht es so viel um »Verwirkliche dich selbst in all deinen Facetten und blühe auf«. Zu sagen »Okay, ich ordne meinen Plan unter deinen und laufe dir hinterher« ist ein krasser Aspekt von Nachfolge, und gerade diese Liedzeilen bewegen mich sehr.

In der gleichen Lebensphase, also auch in der Jugend, war mir noch ein anderes Lied sehr wichtig: »Wohin sonst«[9].

Herr, wohin sonst sollten wir gehen?
Wo auf der Welt fänden wir Glück?
Niemand, kein Mensch
kann uns so viel geben wie du.
Du führst uns zum Leben zurück.
Nur du,
nur du schenkst uns Lebensglück.

Ich finde, dass das ein wirklich schöner Song ist. Der Refrain beginnt mit den Zeilen:

Aus deinem Mund höre ich das schönste Liebeslied.
An deinem Ohr darf ich sagen, was die Seele fühlt.

Ich singe gern diese alten deutschen Lobpreislieder. Ich weiß nicht, wie es dir geht, aber mir passiert es öfter, dass ich Leute frage, was denn ein bestimmtes Wort in einem englischen Lobpreislied bedeutet, und ihre Antwort dann lautet: »Ja, weiß ich auch nicht. Es ist eher ein Gefühl, das ich bei diesem Song empfinde.« Da ich aber jemand bin, der sehr auf Worte achtet, ist es mir superwichtig, dass ich auch bei englischen Liedern weiß, was ich da singe. Bei diesen alten deutschen Liedern habe ich das Problem nicht, und zusätzlich noch die ganze Story – die Leute und die Gemeinde – von der Zeit von damals vor Augen, in der ich sie gesungen habe. Deswegen blüht mein Herz auch heute auf, wenn ich diese Lieder wieder singe.

Das nächste Lied war mir in der Zeit kurz vor meinem Examen wichtig. Ich habe sehr viel gelernt und bin als Ausgleich regelmäßig die gleiche Runde spazieren gegangen. Während dieser Spaziergänge habe ich immer Lobpreislieder gehört, und ein Lied hat mich da besonders begleitet und zur Ruhe kommen lassen: »Der Löwe und das Lamm«[10]. Hier waren mir vor allem diese Zeilen wichtig:

Denn er ist der Löwe,
der Löwe von Juda.
Sein Brüllen ist mächtig,
er kämpft unsre Kämpfe.

Für mich war das eine echte Bestätigung und die Zusage: »Bei diesem Kampf für mein Staatsexamen, den ich gerade kämpfe, in dieser Beharrlichkeit, in diesem Jeden-Tag-zum-Lernen-Aufraffen und darin nicht aufgeben ist mein Gott mit mir und kämpft meine Kämpfe.«

Es gab noch ein zweites Lied aus dieser Zeit, dieses Mal ein englischsprachiges, das mir wichtig war: »Glory To Glory«[11]. Ich gehe in Lernpausen gerne spazieren und höre dabei auch manchmal Musik. Dieses Lied hat mir immer auf den letzten Metern, kurz vor der Haustür, noch mal Zuversicht gegeben. Nach dem Motto: »Ich gehe von Glory zu Glory, auch wenn es gerade alles andere als glorreich aussieht, was ich hier tun muss.«

Das letzte Lied, das ich dir vorstellen möchte, ist noch gar nicht alt. Es heißt: »See A Victory«[12]. Zwei Verse haben mich dabei besonders bewegt. Der eine Vers lautet: »You take what the enemy meant for evil – And You turn it for good«. Also: Du nimmst das, was der Teufel als etwas Schlechtes für mein Leben gedacht hat, und wendest es zum Guten. Bei dem, was als ein Angriff geplant gewesen war, als etwas, das mich klein und traurig machen sollte, wendest du das Blatt. Ich weiß: Es wird wieder gut, weil denen, die Gott lieben, alles zum Besten dienen muss (vgl. Römer 8,28). Das ist eine so tiefe Zuversicht. Ich glaube, dass der Herrscher der Welt der Teufel ist (vgl. Johannes 12,31), aber Jesus hat die Welt überwunden (vgl. Johannes 16,33). Wir werden Leid oder Dinge erfahren, die nicht gut sind, aber wir dürfen auf den vertrauen, der das überwunden hat. Ich bin der Überzeugung, dass leidvolle Erlebnisse nicht das Ende der Geschichte sind, sondern dass mein Gott all diese Dinge nehmen und wenden wird.

*Ich bin der Überzeugung,
dass leidvolle Erlebnisse
nicht das Ende der Geschichte sind,
sondern dass mein Gott all diese Dinge
nehmen und wenden wird.*

Die zweite Liedzeile, die mich auch sehr bewegt und die ich über mein Leben, all mein Tun und meinen Glauben aussprechen möchte, ist: »Cause the God I serve knows only how to triumph« Also: Der Gott, dem ich diene, weiß nur, wie man triumphiert.

Das ist ein mächtiger Satz in Anbetracht dessen, dass Gott seinen Sohn auf diese Welt geschickt hat und dieser sterben musste. Jesus ist bis in den Tod gegangen, und das war eine echte Niederlage. Jesus kannte Verrat, er kannte Schmerzen, Enttäuschung, sodass er sie auch mit uns fühlen kann. Karfreitag war im ersten Augenblick wie ein Sieg des Schattens über diese Welt. Doch gleichzeitig begann mit Karfreitag auch der Weg zum Ostersonntag. Jesus ist nicht im Tod geblieben, sondern darüber hinausgegangen. Mit seinem Tod hat er diesen überwunden und uns das Leben gebracht. Im Korintherbrief steht: »*Doch ich danke Gott, der uns, die wir zu Christus gehören, immer in seinem Triumphzug mitführt*« *(2. Korinther 2,14a; NLB)*. Was für ein Bild. Stell dir vor, du gehst in ein Fußballspiel oder in einen Boxring oder in ein Bewerbungsgespräch und weißt: »Vielleicht sind die anderen mal in Führung oder ich bekomme ein paar Schläge ab, vielleicht werde ich abgelehnt. Aber am Ende des Tages steht da sein Sieg über meinem Leben.« Das ist etwas, was ich über mein Leben ausspreche, auch in Anbetracht von zwischenzeitlichen Rückschlägen. Es ist das große

Bild, das zählt, und deswegen bin ich davon überzeugt: Der Gott, dem ich diene, der weiß, wie man triumphiert.

Ich bin davon überzeugt: Der Gott, dem ich diene, der weiß, wie man triumphiert.

Was sind deine Lieblingslieder? Rufe sie dir immer wieder in Erinnerung – und tausche dich doch mal mit deinen Freunden darüber aus! Meine Auflistung ist lange nicht vollständig und es gibt so viele tolle Lieder, die uns bewegen, Kraft schenken, trösten und durchs Leben begleiten können.

Wie Gott redet

**»Gott hat mir gesagt, dass das mit uns
gerade einfach nicht dran ist.«**

**»Gott hat mir gesagt, dass mein Studium doch nicht der richtige
Weg für mich ist, und deswegen breche ich es jetzt ab.«**

**»Gott hat mir gesagt, dass ich in die Sahara fliegen
und dort Bäume pflanzen soll.«**

Kennst du diese »Gott hat mir gesagt, dass …«-Sätze? Ich bekomme zum Beispiel immer mal wieder Nachrichten, in denen Sätze stehen wie »Gott hat mir gesagt, dass wir heiraten werden.« Dann denke ich mir: »Wenn Gott dir das gesagt hat, wird er es mir wohl auch noch sagen. Zum Heiraten gehören immerhin zwei.«

Ich habe den Eindruck, dass diese »Gott hat mir gesagt, dass …«-Sätze die meistgebrauchten Begründungen sind, wenn es darum geht, dass Christen Entscheidungen zu treffen haben. Doch darin liegt eine Gefahr von Machtmissbrauch. Wenn Eltern ihren Kindern sagen würden: »Gott hat mir gesagt, dass wir umziehen sollen« oder »Gott hat mir gesagt, dass Fernsehen nicht gut ist«, hätten Kinder nichts, was sie dem entgegensetzen könnten. Gegen Gottes Ruf und seine Stimme kann man nicht argumentieren.

Ich kenne jemanden, der seine Beziehung vor vierzig Jahren beendet hat mit dem Satz: »Gott hat mir gesagt: ›Es ist gerade nicht dran.‹ « Die arme Frau hatte gar keine Chance, sich zu positionieren und etwas zu erwidern. Noch heute sagt dieser Mann: »Ich hätte wahrscheinlich zwanzig Gründe nennen können, warum ich diese Beziehung nicht mehr führen wollte. Aber mein Argument war: ›Gott hat mir gesagt …‹« Wir machen es uns als Christen mit einem solchen Satz sehr einfach und bequem.

Doch wie unterscheide ich meine eigene Stimme von einem göttlichen Ruf? Die Frage, die dahintersteht, ist: »Wie spricht Gott?« Darauf gibt es nicht *die* eine Antwort. Gott spricht auf verschiedene Arten und Weisen und so, dass wir als einzelne Individuen es verstehen können. Jeder Mensch ist anders und deswegen kommuniziert Gott auch mit jedem auf seine ganz eigene Art und Weise. Doch ganz allgemein kann man folgende Punkte zusammenfassen:

1. Gott spricht durch unsere Gedanken

Gott spricht in unser Gewissen und unsere Gedanken hinein. Das ist eine Art, wie Gott zu uns redet. Manchmal sind das ganz einfache, unscheinbare Gedanken: Vor einiger Zeit bin ich zum Beispiel von der Haltestelle mit dem Fahrrad nach Hause gefahren und habe ein umgekipptes Fahrrad gesehen. Ich hatte den Impuls: Stell es wieder auf. Zuerst erschien mir das unnötig, weil es bestimmt wieder umfallen würde. Ich bin aber dennoch zurückgefahren und habe dieses Fahrrad wieder aufgestellt. Mein Gewissen hat mich dazu angehalten, diesem Ruf nachzugehen.

Auch wenn dieses Beispiel ein ganz einfaches ist, verdeutlicht es einen wichtigen Punkt: Gott spricht in unser Gewissen hinein. So wie bei Luther, der seinem Gewissen gefolgt ist. Er hat seine Thesen veröffentlicht und wurde drei Jahre später vor den Reichstag nach Worms geladen. Dort bekam er die Gelegenheit, seine Thesen vor dem Kaiser zu widerrufen. Hätte er dies getan, wären keine weiteren Konsequenzen erfolgt. Doch als er vor dem Kaiser stand, sagte er: »Da mein Gewissen in den Worten Gottes gefangen ist, kann ich und will nichts widerrufen, weil es gefährlich und unmöglich ist, etwas gegen das Gewissen zu tun. Gott helfe mir. Amen.«[13]

Luther stand dort und begründete seine Entscheidung damit, dass er nicht gegen sein Gewissen, das er als Gottes Willen interpretiert hat, handeln könne. Dies ist ein wichtiger Aspekt. Luther stand nicht da und sagte: »Eine höhere Stimme hat mir dieses Wissen gegeben. Ungefiltert gebe ich nun weiter, was sie mir gesagt hat.« Er hat seine Thesen anhand der Schrift geprüft und ist mit Vernunft an die Fragen rangegangen.

Wir sollten es wie Luther machen und unsere Impulse und Gedanken mit Vernunft an der Schrift prüfen und nicht ungefiltert weitergeben. Ich persönlich weiß, dass ein Gedanke von Gott klar und deutlich ist. Gott hinterlässt kein Chaos. Meine Erfahrung zeigt mir, dass diese Gedanken, die ich dann habe, oftmals meinem eigenen Willen komplett entgegengesetzt sind. Ich habe dann unter Umständen einen Impuls, etwas zu tun, obwohl ich ursprünglich etwas ganz anderes vorhatte. In diesen Momenten habe ich die Wahl: Widersetze ich mich dem Impuls und folge meinem Willen oder bin ich gehorsam?

Ich persönlich weiß, dass ein Gedanke von Gott ist, immer klar und deutlich ist. Gott hinterlässt kein Chaos.

2. Gott spricht durch andere Menschen

Manchmal spricht er aber auch durch andere Menschen mit uns. Vielleicht hast du das sogar schon einmal erlebt. Du bist aus einem Gespräch gekommen und hattest das Gefühl, dass Gott dir gerade durch diesen Menschen den Blick geöffnet oder dich ermutigt hat. Eventuell hat dir diese Person Tipps gegeben, wie du in der Schule besser klarkommst oder wo du dich bewerben könntest, und du hattest den Eindruck: »Diesen Menschen hat Gott mir geschickt!« Möglicherweise war es auch schon mal umgekehrt und du selbst warst so eine Von-Gott-geschickte-Person für einen anderen Menschen. Das ist eine schöne Erfahrung und ich bin davon überzeugt, dass Gott durch dich und mich zu anderen spricht.

Eine Erfahrung kurz nach meinem Abitur hat mir das noch einmal ganz neu vor Augen geführt. Zu diesem Zeitpunkt war ich in der Schweiz und habe eine Wanderung am Matterhorn gemacht. Ich hatte ein T-Shirt an, auf dem die Namen der vier Evangelien auf Englisch standen (»Matt & Mark & Luke & John«), und stampfte gemütlich in meinem Tempo den Berg hoch. Mit mir wanderte noch eine andere Person, die deutlich schneller war als ich und mir ein ganzes Stück voraus war. Ich dachte mir: »Ach egal, ich brauche heute einfach ein bisschen länger.« Nach einer Weile traf ich auf einen älteren Mann, der mich fragte, ob ich an ihm vorbeiwolle (er hat Englisch gesprochen). Als ich ihm erklärte, dass ich die Wanderung ganz gemütlich machen wolle, sah er mein T-Shirt und sprach mich darauf an. Es stellte sich heraus, dass er Pastor John aus Chicago war und wir kamen ins Gespräch. Diese Begegnung war für mich vollkommen unerwartet und das Gespräch, das dann folgte, war so tief, obwohl ich diesen Menschen gar nicht kannte. Ich erzählte ihm, was mich bewegte, da ich zu diesem Zeitpunkt viele Fragen im Kopf hatte und sehr unsicher war: »Wo will ich hin? Wer bin ich eigentlich? Hat Gott mich vergessen? Sieht er mich?« Irgendwann sagte Pastor John zu mir:

»Jana, wenn Gott dir einen Mann aus Chicago schicken kann, der deinen Weg in der Schweiz am Matterhorn kreuzt, um dir zu begegnen und dir zu sagen ›Gott hat dich nicht vergessen‹, dann hat er dich nicht vergessen!«

Das war für mich eine tiefe und schöne Begegnung. Gott hat am Matterhorn nicht nur durch die Genialität der Schöpfung zu mir gesprochen – Natur ist ebenfalls einer der Wege Gottes, zu uns zu sprechen –, sondern auch durch die Begegnung mit diesem mir wildfremden Pastor aus Chicago und seine ermutigenden Worte.

3. Gott spricht durch die Bibel

Gott spricht in unsere Gedanken hinein, er spricht durch andere Menschen und er spricht durch sein Wort, die Bibel, in das Leben von uns Menschen. Ich habe mal gehört, dass jemand gesagt hat: »Don't say God is silent, when your bible is closed.« Gott hat vieles von dem, was er mir und dir sagen will, sogar schon schriftlich festgehalten und wartet darauf, dass wir es entdecken! Ich versuche mir täglich Zeit zu nehmen, um in Gottes Wort zu lesen und Zeit mit ihm zu verbringen. Indem ich in seinem Wort Geschichten lese, in denen er handelt und so sein Wesen zeigt, lerne ich ihn immer mehr und tiefer kennen. Ich kann die die gleichen Kapitel Hunderte Male durchlesen und immer wieder etwas Neues entdecken – denn Gottes Wort ist lebendig. Es hat so viele Facetten und spricht oftmals genau in meine Situation hinein.

Ich kann die Bibel Hunderte Male durchlesen und immer wieder etwas Neues entdecken – denn Gottes Wort ist lebendig.

Natürlich habe auch ich nicht für alle Dinge, die ich tue, immer einen göttlichen Ruf in meinem Herzen. Das ist okay. Doch ich vertraue darauf, dass ich mutig sein und anderen gegenüber meine Entscheidung damit begründen darf, zu sagen: »Wisst ihr was, ich möchte das jetzt machen. Ich möchte es einfach mal ausprobieren und darauf vertrauen, dass Gott mit mir geht und mir liebevoll und sanft die Tür vor der Nase wieder zumacht, wenn ich komplett vom Weg abkomme.«

Ich mag dich ermutigen: Prüfe deine Gedanken und das, was du in deinem Herzen fühlst, mithilfe deines Verstandes und anhand der Schrift. Trage deine Impulse, Interessen und Wünsche nicht ungefiltert nach außen, indem du sie lediglich mit dem Satz »Gott hat mir gesagt, dass …« begründest. Sei ehrlich, falls du von Gott kein klares »Go«, aber auch kein klares »Nein« erhalten hast. Du darfst Wege auch mutig auszuprobieren und darauf vertrauen, dass Gott mit dir geht und Türen wieder schließt, wenn es nicht dein Weg sein sollte. Prüfe auf diesem Weg immer wieder neu, ob es immer noch der richtige ist und der, den Gott für dich vorgesehen hat, oder ob deine eigenen Wünsche dich antreiben.

Und höre auf die leise Stimme Gottes, die zu dir spricht – auf so viele verschiedene Arten und Weisen.

Der gute Gott und das große Leid

Die Geschichte von Hiob

166

23

Wahrscheinlich ist die Geschichte von Hiob *das* Paradebeispiel für jemanden, der unverdientes Leid erfährt. Hier wird uns eine Problematik aufgezeigt, in der es um ganz existenzielle Fragen geht:»Womit hab ich das verdient? Hab ich das verdient? Gibt es irgendeinen Zusammenhang zwischen meiner Tat und dem Geschehen in der Welt, dem Schicksal?« Genau diese Themen möchte ich am Beispiel von Hiob angehen und schauen, ob uns seine Geschichte Antworten und Lösungen auf diese Fragen und Probleme liefert. Und wenn ja, ob wir diese auch auf unser Leben im Hier und Jetzt anwenden können.

Beginnen sollten wir bei Hiob selbst: Wer war dieser Hiob eigentlich? Wofür steht er? Ich glaube, dass es sich hier um eine Geschichte handelt, die uns eine Weisheit mitgeben möchte. Hiob, der Protagonist dieser Erzählung, kann uns als ein Beispiel für unser Leben dienen. Dabei ist es wichtig, zu begreifen, dass er für die damaligen Verhältnissen den idealen Menschen verkörpert hat. »*Es war ein Mann im Lande Uz, der hieß Hiob. Der war fromm und rechtschaffen, gottesfürchtig und mied das Böse.*« Das sind schon mal alles super Eigenschaften. »*Er zeugte sieben Söhne und drei Töchter*« – hatte also zehn Kinder, um hier die Mathematik mal abzukürzen – »*und er besaß siebentausend Schafe, dreitausend Kamele, fünfhundert Joch Rinder und fünfhundert Eselinnen und sehr viel Gesinde, und er war reicher als alle, die im Osten wohnten*« *(Hiob 1,1-3).*

Direkt in den ersten drei Versen dieses Buches im Alten Testament wird also deutlich: Hiob war ein Mann, dem es an nichts fehlte. Im Laufe dieser Geschichte wird er allerdings zum Spielball einer Auseinandersetzung zwischen Gott und dem Teufel (oder Satan wie er in dieser Geschichte genannt wird). Denn Satan geht zu Gott und fragt: »Glaubst du wirklich, Gott, dass dieser Mann, von dem du sagst: ›Oh, er ist mir so treu‹, dir auch noch treu wäre, wenn er all das nicht mehr hätte?«

Gott lässt sich tatsächlich darauf ein, Hiob zu prüfen, denn in dieser Geschichte geht es um das, was jetzt noch kommt, nämlich um die Bewährung, die Reaktion und das Verhalten Hiobs. Und so gewährt Gott Satan den Zugriff auf Hiob, sagt aber ganz klar: »Du darfst ihn nicht umbringen. Du darfst ihm nicht das Leben nehmen.« Das finde ich schon sehr interessant: Gott hat immer noch die Macht und es liegt in seinen Händen, über Leben und Tod zu entscheiden!

Satans erste Aktion, um Hiob Leid zuzufügen, ist, dass er ihm alles wegnimmt, was er besitzt. Und wie reagiert Hiob auf dieses plötzliche, unverdiente, unvorhersehbare und irgendwie auch nicht einkalkulierte Leid, auf diesen plötzlichen Verlust? Wir finden seine Reaktion ab Vers 20 beschrieben:

**Da stand Hiob auf und zerriss
sein Kleid und schor sein Haupt und fiel auf die Erde
und neigte sich tief und sprach:
Ich bin nackt von meiner Mutter Leibe gekommen,
nackt werde ich wieder dahinfahren.**
Hiob 1,20–21a

Hiob klagt, er trauert, er leidet, er nimmt das Leid wahr und nimmt es an. Er kleidet sich in Sack und Asche und sagt dann den relativ bekannten Satz: »*Der HERR hat's gegeben, der HERR hat's genommen; der Name des HERRN sei gelobt (Hiob 1,21b)!*«

Hiob lobt Gott. Immer noch. Trotz allem. In Vers 22 steht weiter: »*In diesem allen sündigte Hiob nicht und tat nichts Törichtes wider Gott*« *(Hiob 1,22).* Er widersetzt sich Gott nicht und bleibt genauso untadelig, wie er zuvor beschrieben wurde. Das ist also Stufe eins der

Prüfung. Und um bei dem Prüfungsgedanken zu bleiben: Hiob besteht diese Prüfung vor Gott. Doch der Teufel ist noch nicht fertig. Ich finde es so cool, dass der Teufel quasi zu Gott gehen muss, um bei ihm vorzusprechen. Es ist also kein Dualismus: Gott und Teufel. Sie stehen nicht auf einer Ebene und unterhalten sich, sondern der Teufel muss zu Gott kommen, um mit ihm zu sprechen. Was für ein genialer Gedanke: Mein Gott steht an einer höheren Position als der »Herrscher der Welt«, wie der Teufel vor allem im Neuen Testament genannt wird.

Der Teufel geht also zu Gott und sagt: »Ja, stimmt, du hattest recht. Aber ich glaube, dass Hiob dich nur deswegen immer noch lobt, weil es ihm nicht an seinen Kragen ging. Ich hab ihm zwar alles genommen, aber Hiob selbst geht es ja noch gut.« Und was macht Gott? Er erlaubt dem Teufel, die Prüfung einen Schritt weitergehen zu lassen und Hiob selbst Schaden zuzufügen, ja, seinen Körper regelrecht zu quälen. Hiobs ganzer Körper wird mit Geschwüren übersät – jetzt geht es ihm wirklich an den Kragen.

Ich finde es spannend, zu sehen, welche Reaktionen darauf folgen, denn nun kommt auch Hiobs Frau ins Spiel. In Kapitel 2, Vers 9 steht: *»Und seine Frau sprach zu ihm: Hältst du noch fest an deiner Frömmigkeit? Fluche Gott und stirb!«* (Hiob 2,9). Das ist doch eine mega heftige Aussage! Nach einem Leben voller Segen passieren jetzt zwei Schicksalsschläge hintereinander und die Frau sagt: »Fluche Gott und stirb!« Warum finde ich das so interessant? Weil es die Option, dass es Gott in Anbetracht von so viel Leid gar nicht geben kann, im Buch Hiob gar nicht gibt!

Aus unserer heutigen Welt kennen wir das anders. Wenn uns Leid widerfährt, vielleicht sogar in einer Frequenz und Potenz, die wir kaum aushalten können, dann sagen wir eher: »Wenn es Gott gäbe und wenn Gott gut wäre, dann hätte er so was nicht zugelassen. Schlussfolgerung: Ihn kann's nicht geben.« Doch diese Möglichkeit gibt es im Buch Hiob gar nicht, sondern seine Frau sagt: *»Fluche Gott und stirb!«* Und Hiob? Hiob ist und bleibt trotz all dieses Leids treu.

**Er aber sprach zu ihr: Du redest,
wie die törichten Frauen reden.
Haben wir Gutes empfangen von Gott und
sollten das Böse nicht auch annehmen?
In diesem allen versündigte sich Hiob
nicht mit seinen Lippen.**
Hiob 2,10

An diesem Punkt stellen sich mir zwei Fragen. Die erste ist eine Interessensfrage: »Was genau hatte er eigentlich?« Das ist die Medizinerin in mir, die gerne zwischen den Zeilen lesen würde. Fakt ist: Ihm ging's richtig schlecht. Die zweite Sache, die mich verwundert, ist, dass er nicht eine Sekunde zögert, bevor seine Lippen wieder zum Lobpreis ansetzen, also dazu, Gott zu ehren. Wenn ich mein Leben betrachte, dann brauche ich nach echten Schicksalsschlägen schon eine Weile, bevor ich aus meinem Weinen und Klagen und Frustriertsein wieder rauskomme und meinen Blick lobend zum Himmel heben kann – auch wenn ich das von der ersten Sekunde an versuche und meine Augen noch verquollen voller Tränen sind. Hiob ist hier anders.

Aber die Geschichte geht noch weiter. Hiob wird von seinen Freunden besucht, die erst mal mit ihm zusammensitzen und all den Schmerz mit ihm aushalten. Ich kann mir vorstellen, welche Gedanken in dieser Woche in seinem Kopf herumgeschwirrt sein müssen – wenn ich mir einfach nur überlege, was ich in so einer Situation denken würde … Dann aber beginnt das Spannende. Die Freunde klagen Hiob an: »Na ja Hiob, jetzt mal Realtalk hier. Was hast du eigentlich gemacht, dass du das verdient hast?« Das heißt, sie gehen davon aus, dass man sich irgendwie seine Lebenssituation verdient haben muss: »Zuvor ging es dir gut, weil du untadelig warst. Welchen Tadel hast du an dir finden lassen?« Theologen nennen das den Tun-Ergehen-Zusammenhang. Die Freunde Hiobs scheinen zu glauben: Wenn es dir gut geht, dann hast du vorher wahrscheinlich auch etwas Gutes getan.

Oder andersherum: Wenn du etwas Gutes getan hast, muss es dir gut gehen. Und wenn du etwas Schlechtes getan hast, widerfährt dir Leid. Hiob rechtfertigt sich die ganze Zeit über: »Ich glaub euer Ansatz ist falsch. Ich habe wirklich nichts getan. Ich suche und finde das Unrecht nicht, womit ich das verdient haben könnte.« Er verteidigt sich, aber letztlich kann er die Perspektive seiner Freunde nicht ändern und beginnt schließlich, Gott heftige Vorwürfe zu machen: »Ich versteh's nicht, Gott! Du musst einen Knick in der Optik haben, ich hab wirklich nichts gemacht! Was ist da los?«

Vielleicht kennst du das auch und hast schon selbst Schicksalsschläge – in welcher Form auch immer – erlebt. Wahrscheinlich hat jeder von uns Leidenspunkte, auf die wir keine Antwort haben. Das sind dann Momente, in denen es dunkel um uns herum wird und wir Gott auch anklagen dürfen. Gott hält das aus, so wie bei Hiob.

Ich selbst kenne das aus meinem Leben zur Genüge. Mir hat es in solchen Phasen geholfen, meinen Blick nicht auf die Frage zu richten: »Warum ich?«, sondern: »Wohin geht's von hier?«. In diesen Prozessen hatte ich durchaus Tage, an denen ich dasaß und echt geklagt habe. Zeiten, in denen ich mit Gott gehadert und gesagt habe: »Ich find das unfair! Ich finde einfach, mir wird unrecht getan!«

Aber weißt du was? Ich glaube ganz fest an einen Gott, der auch in solchen Momenten neben mir sitzt und sich meinen Frust, meine Wut und mein Weinen anhört, so lange, bis meine Seele irgendwie fertig damit ist, so lange, bis meine Wut Raum bekommen hat, meine Trauer sein durfte, so lange bis ich ihn wieder anblicken kann und er sagen kann: »Gehst du von hier aus mit mir weiter? Bist du wieder bereit, deinen Blick auf: ›Wohin geht es von hier aus?‹ zu richten?«

Ich glaube ganz fest an einen Gott, der auch in solchen Momenten neben mir sitzt und sich meinen Trust, meine Wut, mein Weinen anhört, so lange, bis meine Seele irgendwie fertig damit ist, so lange, bis meine Wut Raum bekommen hat, meine Trauer sein durfte.

Vielleicht kennst du solche Stürme in deinem Leben. Diese Momente, in denen es so scheint, als ob dir alles entrissen wird und du keine Kontrolle mehr hast. Wenn du dir etwas wünschst, aber einfach unfähig bist, irgendetwas dagegen zu tun. Vielleicht kennst du diese Dunkelheit, die Hiob kannte. In dieser Geschichte wird uns von seinem Tiefpunkt erzählt. Uns wird gezeigt, wie ein Mensch tiefes Leid erfährt und wie Gott ihm genau darin begegnet – denn Gott antwortet Hiob.

Gott antwortet uns, doch die Art und Weise, wie er antwortet, ist nicht immer so, dass es in unserem Menschenverstand sofort »klick« macht. Auch die Antwort, die Gott Hiob gibt, ist keine unbedingt zufriedenstellende. Er erklärt sich nicht, lässt Hiob die Antwort auf das »Warum«, nach der auch wir sooft fragen, nicht erkennen. Vielmehr weist er ihn an seinen Platz: »Hiob, du bist Mensch. Ich bin Gott.« Es gibt einen Satz in der Bibel, der das auf den Punkt bringt, der mich sehr bewegt und an dem ich mich festhalte. Sinngemäß heißt es da: »Meine Gedanken stehen so weit über deinen Gedanken wie der Himmel über der Erde« (vgl. Jesaja 55,8-9). Ich kann Gott nicht in allem verstehen. Es gehört Demut dazu, einzusehen, dass ich ein Mensch bin und nicht Gott. Wenn ich Gott in allem begreifen könnte, dann wäre Gott beschränkt auf meinen Quadratmeter Denken. Aber das ist er nicht.

Wenn ich in einer Parallele denke, dann sehe ich, dass Hiob irgendwie auch ein Vorbote Jesu war. In beiden fällt mir die menschliche Komponente auf. Gott wurde Mensch, um unsere menschlichen Gefühle, unser Sein nachvollziehen zu können. Hiob war Mensch von Anfang an, ich bin Mensch – und auch ich komme an Punkte der Verzweiflung. Doch mitten in diesen stehe ich kapitulierend vor meinem Gott, der nicht von meiner Seite weicht, sondern der einen größeren Plan mit einer größeren Perspektive hat. Er weiß: Es gibt Karfreitage im Leben – in deinem Leben und in meinem Leben. Es gibt Momente, in denen uns das Leid trifft, obwohl wir unschuldig sind. Aber weißt du, was meine Hoffnung, meine tiefe Gewissheit und Zuversicht ist? Dass ich an einem Karfreitag auch wieder auf dem Weg zu einem Ostersonntag bin. Dass die Auferstehung kommt. Dass es Licht und Hoffnung und Antworten gibt, dass es ein Leben gibt, was von oben herabkommt. Ein Leben, das mehr ist, das weiter ist. Ich weiß, dass Gott dir und mir in die Dunkelheit hinein antwortet und die Richtung aus der Dunkelheit heraus weist. Ich glaube, dass er mit Hiob gesessen hat. Ich glaube, dass er bei Jesus war. Und ich glaube ganz tief und fest, dass er bei dir und mir in dieser Dunkelheit ist, und uns auf dem Weg vom Karfreitag zum Ostersonntag begleitet.

Hiobs Leben endet nicht an diesem Tiefpunkt. Gott erstattet ihm seine Verluste vielfach und gibt ihm mehr zurück, als er vorher hatte – allein schon, um Hiobs Freunde als falsch zu widerlegen. Hiob wird gesegnet und erhält diesen Segen wieder als Geschenk. Der Tun-Ergehen-Zusammenhang, also die Vorstellung, dass Leid unsere Strafe ist, wurde und wird mit der Geschichte Hiobs zerrissen. Gott ist souverän und er führt von den Karfreitagen zu den Ostersonntagen. In meinem Leben war diese Auferstehung im wahrsten Sinne des Wortes ein zweites Leben und ich habe auch danach noch viele solcher kleinen Auferstehungsgeschichten erleben dürfen.

Wenn du gerade in einem dunklen Loch bist, dann hoffe ich, dass du ermutigt wirst, von meiner Geschichte oder auch von den Geschichten anderer, die schon mit Gott durch dunkle Zeiten hindurchgegangen sind. Egal, wo du gerade in deinem Leben stehst: Ich wünsche dir Begleitung. Ich wünsche dir Segen. Und ich wünsche dir Licht in alledem.

Ich bereue nichts

N o regrets!« – wie oft habe ich diesen Satz schon gehört! Tatsächlich habe ich ihn sogar tätowiert gesehen, nämlich auf der Brust mehrerer Männer aus meinem Fitnessstudio. Es ist ein Satz, den unsere Generation zu glauben scheint, ganz nach dem Motto: »Ich bereue nichts von dem, was gestern war, denn ich lebe im Hier und Jetzt und Heute. Punkt.« Klar, ich kann auch verstehen, warum so viel Wert auf den Augenblick gelegt wird, auf das Aufsaugen des Moments, der Gegenwart. Wer will schon im Gestern stecken bleiben? Natürlich soll ich mich nicht in meiner Vergangenheit verlieren! Aber ganz ehrlich? Ich glaube, dass unsere Vergangenheit es auch durchaus manchmal wert ist, betrachtet zu werden.

Ich musste für mich feststellen: Ich kann mich einfach nicht mit diesem Satz »no regrets« identifizieren. Denn ich bereue Dinge in meinem Leben und ich bin davon überzeugt, dass es Dinge in unserer Vergangenheit geben sollte, die wir bereuen können, dürfen und sollen. Ich kann nicht einfach wegschauen und sagen: »Ich hab zwar ein Herz gebrochen, aber: no regrets!« Einerseits steht dabei nämlich unser eigenes Herz auf dem Spiel, wenn wir etwas gemacht haben, das uns letztlich nicht gutgetan hat. Aber vor allem geht es auch um die Beziehung zu unserem Gegenüber.

Ein Beispiel: Während meiner Schulzeit hatte ich eine Freundin, zu der die Beziehung an einem bestimmten Punkt plötzlich gekippt ist. Und weißt du warum? Weil mein Herz neidisch war. Weil ich das Leben, das sie hatte, beneidenswert fand. Zuerst war ich nicht in der Lage, das einzusehen, und wurde automatisch abweisend. Heute ist alles beseitigt, was zwischen uns stand, weil wir uns ausgesprochen haben. Doch zunächst musste ich es bereuen, dass meine Eifersucht diese Beziehung zerstört hatte. Ich musste meinem Herzen erlauben, dem Gefühl der Reue nachzugeben, um in der Beziehung aufräumen zu können.

Ich glaube, es gibt Dinge in unserem Leben, über die dürfen wir im Nachhinein noch mal nachsinnieren und uns überlegen: »Wie will unser Herz eigentlich damit umgehen?« Ich behaupte, dass unser Kopf diese Einstellung von »No regrets!« zwar gut mitmachen kann: Wir können uns einreden, dass das Leben ja immer weitergeht und man nichts bereuen soll. Wir können verdrängen. Wir können an bestimmte Situationen nicht mehr denken. Wir können Nummern löschen. Wir können Menschen aus unserem Leben streichen. Und unsere eigenen Fehler irgendwie in der Vergangenheit relativieren. Aber unsere Seele, unser Herz, kommt da manchmal einfach nicht hinterher.

Hast du schon mal auf dein Leben zurückgeblickt und gedacht: »Krass, diese Person hat mich echt verletzt«? Vielleicht hast du auch gemerkt: »Mensch, ich glaube, ich habe ihr oder ihm in dem Punkt wirklich wehgetan.« Vielleicht hast du auch dir selbst durch deine eigenen Entscheidungen innere Wunden zugefügt. Wenn es so ist, bist du nicht allein, denn in diesem Leben wird es uns immer wieder passieren, dass wir durch die ein oder andere Weise verwundet werden.

Wenn so was passiert, heißt es oft: »Zeit heilt alle Wunden. Da wächst Gras drüber. Das relativiert sich schon alles.« Ich würde allerdings sagen: Es stimmt zwar. Zeit ist eine Komponente in einem Heilungsprozess. Wir brauchen Zeit, damit etwas heilt. Aber Zeit ist eben nur einer von mehreren Faktoren. Zeitliche Distanz führt lediglich dazu, dass wir Situationen in einen größeren Kontext einbetten können. Dadurch erscheint manches nicht mehr so gravierend und dramatisch, wie es im ersten Moment war.

Stell dir mal vor, jemand kommt mit einer offenen Wunde zu mir in die Notaufnahme. Er oder sie ist irgendwie im Wald gestolpert und jetzt ist diese Wunde offen und dreckig. Was mache ich dann nicht? Ich verbinde die Wunde nicht einfach so und sage, dass das mit der Zeit schon vergehen wird. Sondern ich spüle die Wunde aus, befreie sie von dem Dreck und all den Dingen, die da nicht reingehören. Dann erst kann ich sie verbinden und dann erst wird Zeit sie heilen. Und vermutlich kannst du es dir vorstellen: Dieses Ausspülen, das Saubermachen tut weh.

Wenn ich das auf unsere seelischen Wunden übertrage, dann ist dieser Schmutz genau das, was wir in den Blick nehmen müssen. Wir müssen erkennen, wenn wir jemandem etwas angetan haben, und uns unserer eigenen Verantwortung stellen. Genau dasselbe gilt, wenn uns Schmerz zugefügt wurde. Es ist wichtig, diesen Schmerz nicht zu ignorieren. Genauso wie bei einer äußeren Wunde: Erst wenn sie freigespült ist, kann ich die Wundränder adaptieren, also aneinander annähern, und sie verbinden. Erst dann kann ich die Person wegschicken, damit die Wunde mit der Zeit heilen kann.

Zuerst aber muss ich mich aktiv um die Wunde kümmern. Was passiert, wenn ich das nicht mache? Wenn ich sie nicht säubere und von Keimen befreie, wird sich die Wunde entzünden. Aus einer lokalen Entzündung kann eine systemische werden. Denn der Dreck in der Wunde kann von dieser einen Stelle durch den ganzen Körper fließen und zu einer Sepsis führen – zu einer lebensgefährlichen, systemischen Infektion. Genau das kann mit unseren Herzenswunden passieren, wenn wir sie nicht vom Schmutz der Vergangenheit befreien. Früher oder später wird dieser Schmutz unser Herz infizieren und bitter machen.

Vielleicht kennst du das: Du schaust auf Situationen zurück, in denen du versagt hast oder gescheitert bist, und seitdem denkst du: »Ich kann das nicht. Ich bin einfach nicht dazu fähig. Es geht immer kaputt, wenn es in meine Hände kommt.« Oder: »Ich bin einfach nicht liebenswürdig. Dass diese Beziehung zerbrochen ist, liegt auf jeden Fall an mir.« Plötzlich wurden Situationen, in denen du verletzt hast oder du verletzt worden bist, von einer Begebenheit oder Begegnung zu Identitätslügen – Lügen, die du über dich selbst glaubst. Das *ist* nicht nur bitter, das *macht* bitter.

Ich kenne viel zu viele Menschen, die Zeit vergehen lassen, aber doch nicht heilen. Wenn ich verletzt worden bin, muss ich immer wieder aufpassen, dass ich dem nächsten Menschen nicht sofort misstrauisch begegne, aus Angst, dass dasselbe noch mal passieren könnte. Oder noch schlimmer: selbst diejenige zu sein, die eine Wunde zufügt, bevor ich verletzt werden kann. Natürlich kann ich Dinge nicht rückgängig machen, aber ich kann mich durchaus meiner Vergangenheit stellen und erkennen, dass da etwas schiefgelaufen ist. Ich kann Einsicht zeigen, um etwas in Ordnung zu bringen. Und ich kann mir meiner eigenen Wunden bewusst werden, damit ich heil werden kann – auch wenn das ein schmerzhafter Prozess ist.

Ich kann mir meiner eigenen Wunden bewusst werden, damit ich heil werden kann – auch wenn das ein schmerzhafter Prozess ist.

Denn was haben wir davon, wenn wir durch diesen schmerzhaften Prozess hindurchgehen? Wir haben eine bessere Zukunft vor uns! Wir können lernen, Dinge besser zu machen, aus Fehlern zu lernen und sie nicht zu wiederholen.

Das Geniale ist: Wir können für unsere Verfehlungen mit Gottes Gnade rechnen – und diese Gnade hat kein Limit. Sie ist unerschöpflich! Wenn ich ehrlich bereue und um Vergebung bitte, darf ich wissen, dass Gottes Gnade schon bereitsteht. Ich persönlich will mir darüber bewusst sein, dass ich diese Gnade brauche, weil es immer wieder Situationen geben wird, in denen ich schuldig werde, an mir, ihm oder anderen. Es war ein Akt aus purer Liebe, dass dieser Jesus die Schuld getragen und mich mit seinem Tod am Kreuz freigekauft hat. Weil mir vergeben ist, kann ich auch über mir selbst Gnade walten lassen. Die nächste Herausforderung ist es, diese Gnade, die mir zuteilwurde, auch zu meinem Gegenüber weiterfließen zu lassen.

Egal, ob wir selbst Mist gebaut haben oder ob wir schuldlos in etwas reingeraten sind und verletzt wurden: eine Wunde auszuspülen, erfordert immer Konfrontation. Wir müssen dem Schmerz in die Augen schauen und ihn dann loslassen. Manchmal braucht es eine Weile, bis wir gewillt sind, in die Zukunft zu schauen und heil werden zu wollen. Aber es lohnt sich, immer.

In Sprüche 4,23 steht: »*Mehr als alles, was man sonst bewahrt, behüte dein Herz! Denn in ihm entspringt die Quelle des Lebens*« *(ELB)*. Genau das tut »No regrets!« eben nicht. Der Blick wird nicht auf unser Herz gerichtet und auf das, was darin ist, sondern schon auf das Morgen, weil wir uns dem Heute nicht stellen wollen. Das ist zu oberflächlich und zu leicht. Unsere Handlungen haben Konsequenzen. Immer. Positiv wie negativ. Wenn wir einfach weiterziehen, ohne uns damit auseinanderzusetzen und die Konsequenzen anzuschauen, besteht die Gefahr, dass unsere Herzen blind werden. Wir verlieren das Bewusstsein darüber, wer wir sind, und werden blind und taub und stumm für all jene, die im Austausch mit uns leben, weil wir ja immer schon beim nächsten Schritt sind und behaupten: »Das war eine Phase, aber sie ist halt nicht mehr, jetzt kommt die nächste.«

Unsere Handlungen haben Konsequenzen. Immer. Positiv wie negativ.

Das wäre alles kein Problem, wenn wir nicht Menschen mit Herz und mit Seele wären. Wir werden schließlich selten von irgendwelchen Computersystemen verletzt. Es geht immer um dich und mich. Ich wünsche mir, dass wir – auch wenn wir Dinge nicht rückgängig machen können – zurückgehen, um Frieden zu schaffen, Wunden auszuspülen und Gnade auszusprechen, weil ich glaube, dass Gnade ein Teil des Heilungsprozesses ist und dass nur so wieder etwas zusammenwachsen und heil werden kann.

Wenn das nicht passiert und wir bitter werden, dann werden wir am nächsten Tag wieder genau dieselben Fehler machen wie gestern. Wenn wir nicht auf unsere Herzen achten, so sagt es Sprüche 4,23, strömt aus unseren Herzen auch nicht mehr das Leben. Das Leben wird ärmer – definitiv weniger reich an Liebe, an Güte, an Freundlichkeit dem anderen gegenüber. Wir werden bitter, vielleicht griesgrämig und immer misstrauischer unseren Mitmenschen gegenüber.

Ich wünsche mir für uns – für dein und mein Herz –, dass es übersprudelt und überfließt vor Liebe und Leben. Wenn du das gerade liest und weißt: »Ich hab da noch was in der Vergangenheit, das ist noch nicht besprochen, noch nicht abgeschlossen, da ist noch kein Frieden«, dann ermutige ich dich, das nicht wegzudrücken, sondern dich damit zu beschäftigen und auf dein Herz zu achten. Wenn es sein muss, reiße die Wunden auf, damit du sie freispülen kannst. Es gibt Heilung und ein Leben im Überfluss, das von dir zu anderen und von anderen zu dir fließen soll. Ich wünsche dir, dass dein Herz dadurch leichter und dein Leben reicher wird.

Es gibt Heilung
und ein Leben
im Überfluss,
das von dir
zu anderen und
von anderen zu dir
fließen soll.

Zeit für eine Pause

ch bin ein wirklich schlechtes Vorbild, was das Thema Ruhe betrifft. Menschen, die sich mein Leben auf Social Media angucken, stellen mir immer wieder die Frage:»Wie machst du das nur alles? Und nebenbei studierst du noch Medizin?!« Meine Antwort ist dann meist:»Ja, also montags bis freitags bin ich in Münster, am Wochenende bin ich unterwegs. Und eigentlich mache ich das Ganze seit mehreren Jahren 24/7.«

Ehrlich gesagt macht mir das auch Spaß. Ich zehre und lebe davon, bin gern always-on-the-go, mag dieses On-the-road-Sein und bin immer auf dem Weg. Jedoch merke ich auch, dass meine Schwelle an Dingen, die mich noch begeistern können oder meine Aufmerksamkeit bekommen, immer höher wird. Es ist für mich normal geworden, in einem Monat an sechs bis sieben verschiedenen Orten zu sein. Ich genieße das, blühe auf – aber es ist für mich alltäglich geworden. Dagegen fällt es mir unglaublich schwer, einfach mal ein Wochenende zu Hause zu bleiben.

Es gab schon Momente, in denen ich unruhig wurde und dachte:»Halt! Stopp! Ich muss doch irgendwas machen. Ich möchte mit jemandem einen Kaffee trinken gehen. Hat irgendjemand was vor?« Mir fällt es sehr schwer, einfach »zu sein« und zur Ruhe zu kommen.

Man soll sich ja immer dem stellen, was einem am schwersten fällt. Insofern ist es nicht verwunderlich, dass alle geistlichen Leiter, die mir jemals begegnet sind, zu mir gesagt haben:»Jana, du brauchst Ruhe. Du musst ausruhen. Deine Seele, dein Herz, muss zur Ruhe kommen.« Meine Antwort war jedes Mal:»Das ist wunderbar, wenn Ruhe in euer Leben passt, wenn ihr Zeit findet für einen Tag Ruhe.

Davon spricht ja auch die Bibel. Aber in meinem Leben geht das halt nicht. Ich hab einfach zu viel zu tun.«

In den letzten Wochen und Monaten ist mir ein Satz, den mir mal jemand gesagt hat, immer wieder im Kopf herumgeschwirrt: »Jana, wen der Teufel nicht stoppen kann, den treibt er an.« Das hat mich wirklich tief bewegt und ich habe mich gefragt: »Bin ich eigentlich getrieben? Bin ich so sehr auf dem Weg und lauf ich mit einer so schnellen Geschwindigkeit, dass ich gar nicht mehr weiß, ob ich noch zum richtigen Ziel unterwegs bin?«

Die Bibel spricht von einem Sabbat, von einem Ruhetag der Schöpfung (vgl. z. B. 2. Mose 20,10). In unseren kulturellen Kreisen ist das der Sonntag. In der Schöpfungsgeschichte wird uns von einem Gott erzählt, der die Welt in sechs Tagen schuf. Am siebten Tag ruhte er. Als ich das gelesen habe und mich fragte, warum Gott das macht, bin ich auf eine Idee gekommen: Wahrscheinlich ruhte er nicht, weil er müde war. Denn er ist Gott. Ich glaube, er ruhte, weil er es als gut empfunden hat, zu ruhen und zu sagen: »Meine Arbeit ist getan, ich nehme mir jetzt Zeit, zur Ruhe zu kommen.« Gott ruhte nicht, weil er musste, sondern, weil er wollte. Er hat uns damit gezeigt, dass wir nicht erst dann eine Pause machen sollten, wenn wir schon völlig erschöpft sind, sondern dass wir pausieren sollten, um gar nicht erst so ausgelaugt zu werden.

Es war, als ob Gott mir sagte: »Jana, wer glaubst du eigentlich, dass du bist? Glaubst du wirklich, dass die Welt dich sieben Tage die Woche 24 Stunden braucht und an diesem einen Tag nicht auf dich verzichten kann?« Wenn sogar Gott ruhte, wie viel mehr hab ich das dann nötig. Vielleicht kennst du den Gedanken: »Na ja, an sieben Tagen schaffe ich mehr als an sechs Tagen. Ich habe dann 24 Stunden beziehungsweise auf der Arbeit acht Stunden mehr, um produktiv zu sein, um Erfolge zu sehen und Ziele zu erreichen.« Das mag stimmen. Die Frage, die sich mir aber gestellt hat, ist: »Was ist denn eigentlich wichtiger?« Und ich bin zu dem Schluss gekommen, dass das Ziel meiner Richtung wichtiger ist als meine Geschwindigkeit.

Ich bin zu dem Schluss gekommen, dass das Ziel meiner Richtung wichtiger ist als meine Geschwindigkeit.

Wenn ich etwas festgestellt habe, dann möchte ich das konkret angehen. Deswegen habe ich überlegt, was ich machen kann, um zur Ruhe zu kommen. Ich glaube, dass die Aufforderung Gottes in der Bibel sehr klar ist: »Heilige den Sabbat. Heilige einen Tag. Gib mir einen Tag in der Woche zurück.« Zuerst dachte ich: »Ein Tag ist schon echt viel.«

Doch folgender Gedanke hat mir dabei geholfen, dem Thema Ruhetag trotzdem eine Chance zu geben: Ich habe sieben Tage die Woche geschenkt bekommen. Keinen einzigen Tag initiiere ich. Ich lasse die Sonne nicht aufgehen, ich lasse sie nicht untergehen. Sieben Tage die Woche sind mir geschenkt und ich glaube, dass mein Schöpfer sich wünscht, dass ich als sein Geschöpf ihm einen Tag zurückschenke. Er lädt mich ein, einen Tag mit ihm zu verbringen. Dieser Ruhetag hat einen Selbstzweck: Meine Seele und mein Herz können auftanken und zur Ruhe kommen. Man könnte jetzt natürlich sagen: »Nice, dann habe ich einen ganzen Tag, um rumzugammeln und den ganzen Tag Filme zu schauen.« Vielleicht gibt es tatsächlich die Tage, an denen du es brauchst, einfach mal zu chillen. Doch die Frage ist: »Kommst du dann wirklich zur Ruhe?« Ich kenne das von mir: Wenn ich zum Beispiel in einer Zehn-Minuten-Lernpause nach meinem Handy greife und durch Instagram-Beiträge scrolle, dann gehen diese zehn Minuten vorbei, ohne dass ich das Gefühl habe, dass mein Kopf mal abschalten konnte. Ich habe in dieser Pause nicht aufgeatmet. Im Gegenteil: Ich habe so viel Input bekommen, dass ich mich danach überhaupt nicht leichter fühlte. Frage dich doch mal, was dir guttut und wie du wirklich zur Ruhe kommen kannst.

Auf jeden Fall sollten wir an diesem Tag nicht in eine hektische Betriebsamkeit verfallen und ihn dazu nutzen, all das zu tun, was wir sonst nicht geschafft haben: E-Mails beantworten, Küche aufräumen, putzen … Es ist ein Tag für uns. Es muss auch nicht zwingend der Samstag oder der Sonntag sein. Das passt nicht in das Leben von jedem rein. Nicht du dienst dem Sabbat, sondern der Sabbat dient dir – das hat Jesus so gesagt (vgl. Markus 2,27). Ärzte, Polizistinnen und Feuerwehrmänner können am Sonntag nicht sagen: »Nö, ich gehe nicht zur Arbeit.« Aber auch sie sollten sich ihre Ruhezeiten ganz bewusst einplanen.

Genau das ist der Punkt: Plane dir deine Pausen gezielt ein. Vor einiger Zeit bin ich zum Beispiel weggefahren, mein Handy war aus, niemand konnte mich erreichen. Ich musste mir das einplanen, sonst hätte ich keine Pause gemacht. Man darf sich die Freiheit nehmen und Pausen sogar in den Terminkalender eintragen. Das soll nicht heißen, dass wir den Sonntag auflösen sollten, denn für eine Gesellschaft ist es wichtig, eine Struktur von Woche und Wochenende zu haben. An Wochenenden ist Raum, um sich zu begegnen, Familienfeste und Geburtstage zu feiern und gemeinsam zur Ruhe zu kommen. Aber es sollte auch die Freiheit da sein, zu sagen: »Du bist Ärztin, du bist Feuerwehrmann, natürlich musst du auch am Wochenende deinen Dienst ausführen, aber in dem Bewusstsein, dass es Wochenende ist.«

Bis heute halte ich der Ruhe jedoch oftmals folgendes Argument entgegen: »Ich habe aber Kraft und Bock und Zeit! Ich habe Energie!« An dieser Aussage wird eins deutlich: Wir haben, was das Thema Ruhe betrifft, gesellschaftlich gesehen ein Problem. Unsere Gesellschaft wird immer schneller und wir müssen mehr und mehr leisten und schauen, dass wir mitkommen. Gleichzeitig ruhen wir erst dann aus, wenn nichts mehr geht, nehmen uns erst dann Urlaub, wenn wir müde sind. Wir müssen den Status der Erschöpfung erreicht haben, damit wir überhaupt auf die Idee kommen, auszuruhen.

Gott ruhte am siebten Tag nicht aus Erschöpfung, sondern aus Weisheit. Er wusste, dass es in einer bestimmten Frequenz gut ist, zu ruhen, um nicht komplett auszubrennen. Ich glaube, wenn wir nicht zur Ruhe kommen, holt uns die Ruhe irgendwann ein. Das merken wir in den Momenten, in denen wir unfähig werden, zu arbeiten oder uns eine Krankheit trifft. Wir können dann nicht mehr weiterrennen und laufen gefühlt gegen eine Mauer. Erst dann kommen wir auf die Idee, zu überlegen: »Was ist mir eigentlich wirklich wichtig im Leben? Was sind die Werte, für die ich stehe? Wofür schlägt mein Herz?« Ich musste in den letzten Jahren schmerzhaft lernen, dass es eine ganz große Ambivalenz gibt zwischen dem, was ich leiste und tue und dem, wer ich bin.

Gott ruhte am siebten Tag nicht aus Erschöpfung, sondern aus Weisheit.

Ich glaube, unser Vater wünscht sich, dass wir erkennen, dass wir einfach *sein* dürfen. Wir sind geliebt und dürfen in seiner Gegenwart ruhen, ohne dass wir dafür etwas leisten müssen. Das Leben ist uns geschenkt. Ich habe nichts dafür geleistet, dass die Sonne aufgeht und mich anstrahlt. Ich darf es annehmen, in der Ruhe ankommen und mich beschenken lassen. Für mich persönlich ist es eine Herausforderung, einfach da zu sein. Es gibt so viele Dinge, die ich tue und die ich mag. Ich predige von Herzen gern an den Wochenenden, mache Instagram-Storys, begegne Menschen auf Konferenzen. Wenn wir lieben, was wir tun, kann uns das auch zeigen, dass wir an dem richtigen Ort sind. Die Gefahr besteht allerdings darin, dass ich mich über das, was ich tue, definiere. Ich habe den Anspruch, die Sachen gut, exzellent zu machen – mit ganzer Hingabe, mit ganzer Passion. Doch ich kann nur das geben, was ich in mir trage, was ich im Überfluss habe und was in mein Herz reinfließen kann. Dafür muss ich gegründet sein in dem Wissen, wer und wie ich bin.

Das Leben ist uns geschenkt. Ich habe nichts dafür geleistet, dass die Sonne aufgeht und mich anstrahlt. Ich darf es annehmen, in der Ruhe ankommen und mich beschenken lassen.

Gott fordert mich heraus, in meinem vollen Leben von den sieben Tagen, die er mir schenkt, ihm einen zurückzuschenken, um ihn in meine Beziehung zu ihm und mein Herz zu investieren, damit es heil ist und bleibt. Ich erlebe, dass er mir an den anderen sechs Tagen in der Uni, bei meinen Auftritten und allem, was ich tue, mit seiner Gunst beisteht und dass ich schaffe, was ich schaffen muss.

Ich wünsche mir für dein und mein Leben, dass wir nicht erst ruhen, wenn wir nicht mehr anders können, sondern dass Ruhe ein Teil des Rhythmus unseres Lebens wird. Ein Leben, das abenteuerreich, total spannend und facettenreich sein kann und will und zu dem Ruhe dazugehört, damit wir gesund bleiben.

Ich wünsche mir, dass Ruhe ein Teil des Rhythmus unseres Lebens wird.

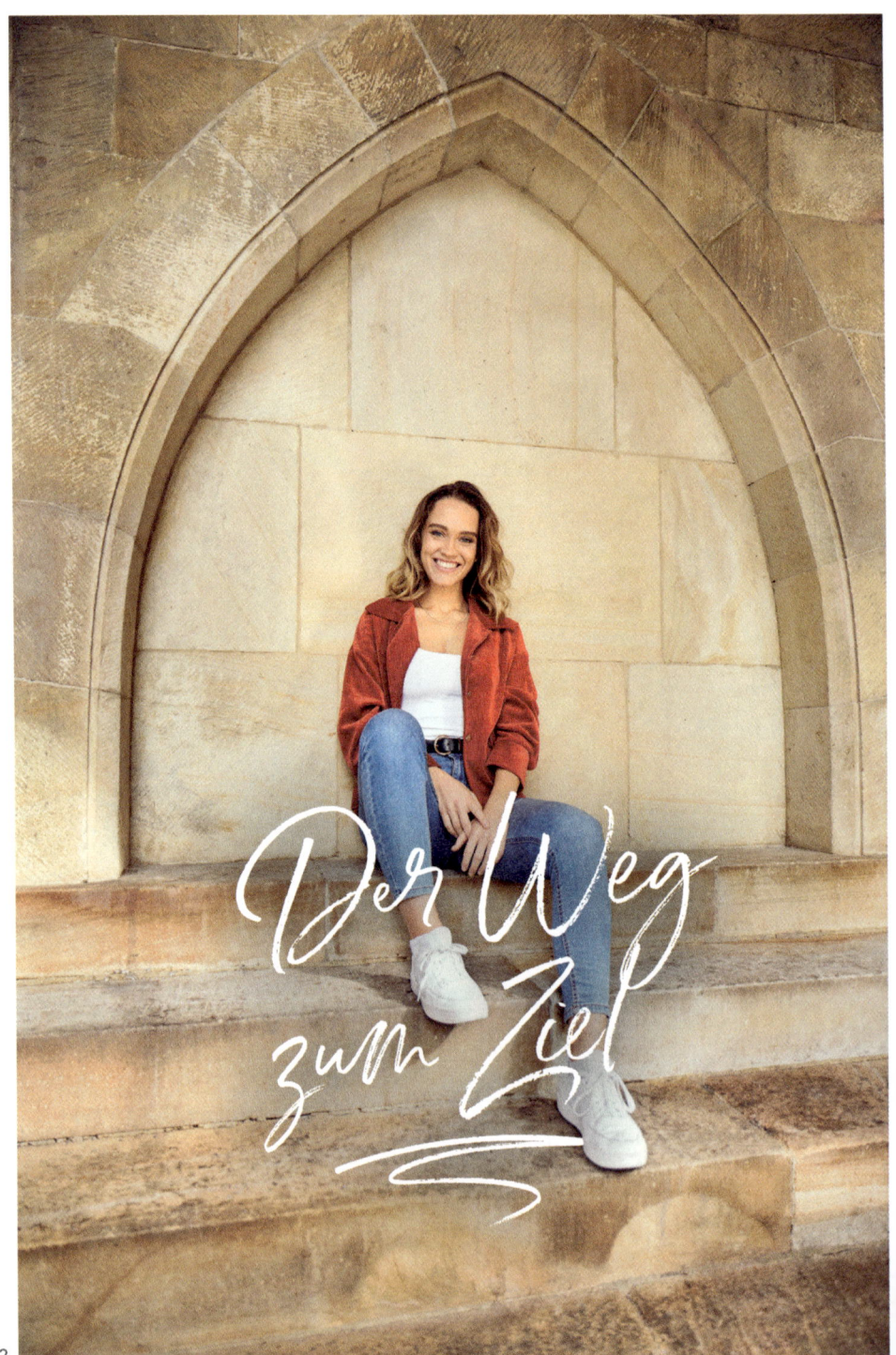

Der Weg zum Ziel

Wo komme ich her? Wo will ich hin? Häufig stellt man sich solche Fragen an Tagen wie Silvester oder dem eigenen Geburtstag. Wieder ist ein Jahr um und ein neues liegt vor einem. Es kann gut und hilfreich sein, ab und an einen Blick zurückzuwerfen, um zu wissen, wo man gerade steht und wo man hin möchte.

Mich persönlich haben meine Eltern sehr geprägt. Ich bin in einer Familie groß geworden, die mich immer unterstützt und begleitet hat. Dazu kommt, dass ich mir früh viele Fragen zu Gott gestellt, ihn gesucht und in der Bibel nach Antworten geforscht habe. Das ist sicherlich einer der Gründe, warum ich heute diese tiefe Beziehung zu Gott habe: Ich kenne ihn einfach schon so lange.

Da komme ich her. Doch wo möchte ich in zehn Jahren stehen – mit all diesen Prägungen im Handgepäck? Mein erster Gedanke, als ich über diese Frage nachgedacht habe, war: »Ich will mein Leben nicht unnötig vergeudet haben.« Ich erwarte viel von der Lebensphase, in der ich mich gerade befinde und die noch vor mir liegt. In den Zwanzigern beenden die meisten ihr Studium oder ihre Ausbildung. Sie beginnen ihren ersten Job, lernen vielleicht jemanden kennen und gründen eine Familie. Das alles sind fundamentale Begebenheiten. Die letzten zehn Jahre haben mich zu der Person gemacht, die ich heute bin, in den nächsten zehn Jahren werden Veränderungen auf mich zukommen und ich muss entscheiden, in welche Richtung ich gehen möchte. Ich werde Fehler machen, aber ich muss auch nicht jeden Fehler selbst machen.

Im Rahmen meines Studiums begegne ich im Krankenhaus immer wieder Menschen, die am Ende ihres Lebens stehen. Viele von ihnen blicken auf ihr Leben zurück und sagen: »Ich wünschte, ich hätte andere Entscheidungen getroffen. Dann wäre ich dort angekommen, wo ich eigentlich hinwollte.« Von solchen Begegnungen lerne ich viel. Es ist weise, nicht am Ende mit Reue zurückzublicken in einem Moment, in dem man es nicht mehr ändern kann, sondern sich diese Frage bereits zu Beginn des eigenen Weges zu stellen: »Wo will ich hin?« Denn nur wenn ich weiß, wo ich hinwill und was mein Ziel ist, kann ich auch Schritte in die richtige Richtung gehen, Entscheidungen treffen, die mich zu diesem Ziel bringen. Dafür muss ich unbedingt wissen, wo ich eigentlich landen will. Das ist wie bei einem Navi: Es zeigt dir den richtigen Weg an – aber nur, wenn du vorher ein Ziel eingegeben hast.

Nur wenn ich weiß, wo ich hinwill und was mein Ziel ist, kann ich auch Schritte in die richtige Richtung gehen, Schritte, die mich zu diesem Ziel bringen.

Wenn ich mein Leben in drei große Kategorien gliedern müsste, wäre die erste Kategorie meine Gottesbeziehung. Sie ist die Priorität und das Fundament meines Lebens, Gott ist meine erste Liebe. Ich wünsche mir, immer weiter hinter diesem Gott herzulaufen und hörend und dienend die Aufgaben, die er mir gibt, zu erfüllen.

Die Nummer zwei wären meine Beziehungen zu anderen Menschen und meiner Familie. Ich wünsche mir von Herzen, dass meine Großeltern meine Hochzeit miterleben. Damit meine ich nicht, dass es mein Lebenstraum ist, zu heiraten. Ehe ist so viel mehr als dieser eine Tag. Aber ich hoffe, dass ich eine Ehefrau sein darf, die ihren Mann und – vielleicht eines Tages – ihre Kinder unterstützt und liebt. Ich würde gern ein Zuhause schaffen, in dem Lobpreis herrscht und Gebet nicht die letzte Anlaufstelle, sondern der erste Ansatz ist.

Ich würde gern ein Zuhause schaffen, in dem Lobpreis herrscht und Gebet nicht die letzte Anlaufstelle, sondern der erste Ansatz ist.

In der Gegenwart eines Menschen kann man entweder aufblühen oder sich selbst verlieren und ersticken. Deswegen möchte ich jemand sein, in dessen Gegenwart andere aufblühen, ich will die Talente von ihnen erkennen und fördern, sie ermutigen und in ihrem Charakter bestärken.

So ein Mensch kann ich nur sein, indem ich tagtäglich Prioritäten setze und mich frage: »Wo will ich hin? Was ist mir wichtig?« Ich kann nicht sagen: »Ich möchte stabile Beziehungen haben und eine Familie, die zusammenhält«, und meine Zeit und Kraft gleichzeitig darin investieren, die beste Herzchirurgin der Welt zu werden.

Sicher: Ich werde Ärztin, ich werde mein Studium beenden – damit wäre ich bei meiner Nummer drei, der letzten Kategorie: mein beruflicher Werdegang und meine Berufung. Auch das ist eines meiner Ziele, aber es ist nicht meine Priorität, dass mein Name in sämtlichen medizinischen Forschungsberichten erwähnt wird. Wenn ich für meinen Mann die beste Ehefrau dieser Welt bin, für meine Kinder die beste Mutter, für meine Mama die beste Tochter, für meine Oma die beste Enkelin (sie hat nur eine Enkelin, also ist das okay), dann ist das alles, was ich im Leben erreichen wollte.

Wir alle müssen uns fragen, auf was wir am Ende zurückblicken möchten. Für mich ist es nicht der Beruf, weil ich weiß, dass kein Erfolg dieser Welt sich mit mir freuen oder weinen, für mich kämpfen oder trauernd an meinem Grab stehen wird. Es ist ein Privileg, wenn ich ein Leben führen darf, das erfolgreich ist, aber es ist niemals das, was mein Herz schlagen lässt und wofür ich gern leben möchte. Genau das muss jeder von uns für sich selbst herausfinden: Wofür schlägt dein Herz? Was ist dir wichtig? Denn nur, wenn du das weißt, kannst du dementsprechend handeln.

Ich persönlich möchte in meiner Berufung wandeln. Ich bin nicht zur Instagramerin, zur Youtuberin oder Medizinerin berufen. Ich bin berufen, das Evangelium zu verkünden. Und die Art und Weise, wie ich das mache, kann und wird sich wandeln. Aber der Inhalt dieser einen Wahrheit ist zeitlos.

Wir alle müssen uns fragen, auf was wir am Ende zurückblicken möchten.

Ich wünsche mir, dass ich in zehn Jahren zurückblicke auf eine Jana, die mutige Entscheidungen getroffen hat. Natürlich wünsche ich mir manches, aber auch wenn diese Dinge nicht eintreten, will ich von mir selbst wissen und sagen können, dass ich immer aus bestem Herzen und reinen Gewissen heraus gehandelt habe. Manche Dinge machen mir Angst. Aber ich hoffe, dass diese Angst mich nicht dominieren wird, sondern dass ich ihr einen Glauben entgegensetze und erleben werde, dass Gott für mich Dinge bereithält, die ich mir jetzt noch gar nicht vorstellen kann. Gott ist treu und er hat einen Plan für unser Leben, der weit über unsere Vorstellungen hinausgeht.

Es gibt ein Zitat von Dietrich Bonhoeffer: »Nicht alle unsere Wünsche, aber alle seine Verheißungen erfüllt Gott.«[14] Ich wünsche mir, dass ich das erleben und in zehn Jahren darauf zurückblicken darf. Ich hoffe, dass sich in der Zwischenzeit mein Horizont erweitert hat, ich dazulernen durfte und von anderen korrigiert wurde.

In all dem möchte ich gnädig mit mir sein. Wenn ich einmal scheitere, werde ich mir sagen, dass ich es noch einmal versuchen kann, dass ich immer wieder von vorn beginnen darf. Das gilt für die Glaubensthemen genauso wie für die Beziehungs- und Berufsthemen – im Großen, aber auch im Kleinen.

Wenn ich mir zum Beispiel vorgenommen habe, jeden Morgen um fünf Uhr aufzustehen, um in der Bibel zu lesen, und nach einer Weile feststelle, dass diese Art, Glauben zu leben, gar nicht zu mir passt, dann darf ich das ändern. Womöglich liegt es mir eher, mich um sechzehn Uhr mit einem leckeren Kaffee hinzusetzen und nur einen einzigen Vers zu lesen. Oder ich lese jeden Tag nur so viel, wie ich in diesem Moment aufnehmen kann. Manchmal hilft es auch, Ziele gemeinsam mit anderen in Angriff zu nehmen. Sei es, dass man zusammen in der Bibel liest und über das Gelesene spricht, sei es, dass man zusammen für eine Prüfung lernt oder joggen geht.

Vielleicht kommt man aber auch irgendwann an einen Punkt, an dem man aufgeben möchte. An dem man merkt: »Ich schaffe es nicht.« Da gilt es, sich selbst zu hinterfragen: »Was ist meine Motivation? Was hat mich dazu bewegt, anzufangen? Ist es schlimm, wenn ich das nicht durchziehe?«

Denn manchmal nehmen wir uns Dinge vor, die wir zwar für gut halten, die aber nicht das sind, was uns wirklich bewegt und für die wir nicht bereit sind, all unsere Kraft zu investieren. Vielleicht komme ich irgendwann, nachdem ich eine Weile jeden Morgen aufgestanden bin und mich zum Joggen gequält habe an den Punkt, an dem ich feststelle: »Nein, das Runners High kommt nicht, es wird eher immer ›lower‹.« Dann darf ich auch sagen: »Okay, ich hab's versucht, vielleicht nehme ich mir was anderes vor.« Wir dürfen auch von Neuem beginnen, mit einer neuen Motivation, die uns trägt und treibt. Vielleicht finden wir dann genau das, was unserem Herzen etwas gibt.

Um bei dem Beispiel mit dem Bibellesen zu bleiben: Es gibt so viele Arten, Gott zu begegnen. Für den einen ist es Lobpreis, für den anderen Bible Lettering, für mich selbst sind es die Begegnungen und Gespräche mit anderen, in denen ich mit und über Gott rede, mit einem Menschen gemeinsam bete, mir seine Geschichte anhöre und meine eigene Geschichte erzähle.

Wir dürfen uns auf die Suche machen: in unserem Glauben, in unseren Beziehungen und in unseren Berufswünschen und -zielen. Es ist gut, die Richtung zu kennen, Prioritäten zu setzen und auf Ziele zuzugehen. Aber genauso wichtig ist es, gnädig mit uns selbst zu sein. In allem.

Nimm dir Zeit, um zu reflektieren: Wo kommst du her? Wo gehst du hin? Du musst dafür nicht auf Neujahr oder deinen Geburtstag warten. Der Rest deines Lebens beginnt heute.

Der Riss in unserem Leben

27

Was ist dein erster Gedanke, wenn du das Wort »Sünde« hörst? Mir ist bei dem Wort aufgefallen, dass man den Begriff häufig auch im Alltag verwendet: Jemand ist ein Verkehrssünder, weil er in der Fünfzigerzone siebzig Kilometer pro Stunde gefahren ist oder auf der Autobahn geblitzt wurde. Das Wort »Verkehrssünder« ist bekannt: Eine Person verstößt gegen die Regeln, die bei uns im Verkehr gelten. Ein anderes Beispiel: Jemand isst eine halbe Tafel Schokolade auf, obwohl er doch eigentlich abnehmen wollte, und sagt: »Oh, ich habe heute Abend wieder gesündigt!« Ein Gegenstand oder etwas anderes kann »sündhaft teuer« sein, fällt also preislich in hohem Maße aus dem Rahmen. Vermutlich kennst du auch den Begriff »Sündenbock«: Jemandem wird die Verantwortung für etwas zugeschoben, das katastrophal gelaufen ist. Alle diese Formulierungen haben etwas mit einem Fehlverhalten zu tun, mit einem Handeln, das nicht richtig, aber irgendwie auch menschlich ist.

Wenn ich das Wort »Sünde« höre, denke ich demnach zuerst an Taten, und zwar falsche Taten. Das Problem ist: Die Tat der Sünde ist nicht der Ursprung, ist nicht die Wurzel dessen, warum wir so handeln. Sündige Taten sind nur die Symptome einer verdorbenen, kranken Wurzel. Unser Verhalten ist immer eine Konsequenz unserer Innenwelt.

Die Tat der Sünde ist nicht der Ursprung, ist nicht die Wurzel dessen, warum wir so handeln.

Auch wenn ich in die Bibel schaue, dann erkenne ich, dass der Ursprung von Sünde in dieser Welt nicht eine falsche Tat ist, sondern ein Zustand der Trennung der Menschen von Gott. Es ist wie ein Riss, der zwischen uns und Gott hindurchgeht und der sich durch die ganze Bibel zieht: Er beginnt bei Adam und Eva, geht weiter zu Kain und Abel bis hin zu Noah und der Sintflut.

Diesen Riss, der mich von Gott trennt, kann ich nicht schließen und zurück ins Paradies gehen, nur weil ich versuche, mich fehlerlos zu verhalten. Die vollkommene Welt, die Gott geplant und gedacht hat, kann ich nicht rekreieren und sagen: »Es ist gar nichts gewesen.« Unsere Welt ist eine »gefallene Welt«, wie wir Christen sagen. Sie ist von Gott getrennt und wir sind in ihr der Sünde ausgesetzt und sündigen selbst. All dem kann ich nicht damit begegnen, indem ich überlege, wie ich nicht mehr oder zumindest weniger sündige. Denn selbst wenn ich mich der Illusion hingebe, dass alle nur noch perfekt handeln und alles den Regeln konform verlaufen würde, muss ich dennoch einsehen, dass dem niemals so sein wird – auch wenn ich mir das vielleicht von ganzem Herzen wünsche.

In der Bibel steht der Satz: »*Der Geist ist willig; aber das Fleisch ist schwach« (Markus 14,38b)*. Diesem Satz könnten vermutlich viele Menschen zustimmen: Wir wollen das eine, tun aber das andere. Wir scheinen gar nicht anders zu können, als immer wieder Verfehlungen zu begehen.

Zum Beispiel: Jedem ist bewusst, dass man am Steuer nicht an seinem Handy sein sollte. Und doch verhalten sich erschreckend viele Menschen anders. Wenn ich mich beim Autofahren dazu entscheide, eine Nachricht, die ich bekommen habe, zu beantworten, und deshalb einen Unfall verursache, kann das im schlimmsten Fall ein Menschenleben kosten. Vermutlich ist es sogar viele Male vorher gut gegangen und ich bin der Überzeugung: »Siehst du, ich habe doch alles unter Kontrolle, ich kann Autofahren!« Doch eines Tages passiert dann vielleicht doch ein Unfall und ich wäre dafür verantwortlich. Was ich in dem Moment empfinden würde, wäre Reue. Reue, dass ich nicht zehn Minuten warten konnte. Dieses Bereuen, dieser Moment der Reue, zeigt uns:»Okay, das war echt eine Verfehlung!«

Für manche Situationen, in denen ich merke, dass ich immer wieder schwach werde, gibt es Hilfen. Beim Autofahren könnte ich zum Beispiel die Einstellung»Ich fahre gerade« wählen, sodass ich gar nicht erst eine Nachricht erhalte. Ich kann die oben beschriebene Situation also aktiv verhindern. Doch es gibt auch Situationen, in denen ich einer moralischen Verfehlung nicht mit einer technischen Hilfestellung begegnen kann. Und schon allein die Tatsache, dass ich eine technische Hilfestellung brauche, die es mir unmöglich macht, an mein Handy zu gehen, zeigt doch wieder, wie schwach ich bin.

Letztlich ist dieses Beispiel so marginal und klein, als hätte ich eine Lupe in der maximalen Vergrößerung auf die Weltkarte gerichtet und mein kleines Leben betrachtet. Denn gleichzeitig lesen wir jeden Tag in den Zeitungen von Kriegen, Katastrophen und Terroranschlägen. Wir hören davon im Radio und erhalten Mitteilung auf unser Handy, die von Konflikten zwischen Ländern, Parteien und Einzelpersonen handeln. Das ist das große Bild. Wir sehen diesen Streit, der so offensichtlich in der Luft liegt und sich in Kriegen zwischen Völkern und Streitigkeiten in Familien äußert. In den kleinsten Szenen ist er von größter Relevanz. Sünde als menschliche Verfehlung bekommt in diesen Kontexten eine ganz andere Dimension, als sie es in unseren Redewendungen hat.

Die Frage ist: Müssen wir uns dem hingeben? Müssen wir das einfach akzeptieren? Dürfen wir sagen:»Okay wir leben in einer gefallenen und sündigen Welt. Wir sind getrennt von Gott und da gibt es keine Rettung und keinen Ausweg. Wir rennen ins Verderben und so ist es vorherbestimmt«?

Als überzeugte Christin sage ich:»Nein!« Gott bietet uns einen Ausweg an, eine Lösung: seine Erlösung durch Jesus Christus. Ich glaube an eine Hoffnungsgeschichte! Ich glaube an einen Retter. Ich glaube an die Tat am Kreuz, die uns freigekauft und erlöst hat von dieser sündigen Welt. Eine Tat, die nicht nur dazu gedacht ist, den Einzelnen zu retten, sondern auch die Welt, die gefallen ist. Und mit dieser Hoffnung im Herzen und dem Glauben in mir bin ich gewillt, immer das Bestmögliche zu suchen und zu tun. Ich glaube und vertraue auf eine Vergebung, die ich erfahre, wenn es mir nicht gelingt oder ich zu schwach bin, um so zu handeln, wie ich mir das gewünscht hätte.

Diesen Riss in unserem Leben, diese Lücke die durch Sünde entsteht, die können wir selbst nicht schließen. Es gibt nichts, was wir tun könnten, um uns mit Gott zu versöhnen. Aber er hat schon alles getan. Was wir dürfen und wozu wir eingeladen sind, ist, die von ihm ausgestreckte Hand anzunehmen, die uns in seine Nähe zieht. Gott selbst ist durch Jesus in die Lücke geschritten und hat sie geschlossen, sodass die Sünde die Macht verloren hat. Am Kreuz wurde der Tod besiegt.

Ich glaube an eine Hoffnungsgeschichte! Ich glaube an einen Erlöser. Ich glaube an die Tat am Kreuz, die uns freigekauft und erlöst hat von dieser sündigen Welt.

Ich will dich persönlich ermutigen, dem auferstanden Jesus als deinem persönlichen Erlöser zu begegnen, der den Riss in deinem Leben schließen will und kann. Halte ihm einfach dein Herz hin, sag ihm, was du bereust, und gestehe ihm, dass du von selbst nicht schaffen wirst, perfekt zu sein. Mache ihn zum Chef deines Lebens. Du darfst darauf vertrauen, dass er in diesem Moment, den Riss zwischen dir und Gott überbrückt und du durch sein Opfer frei von Sünde vor Gott stehen kannst – und von da an mit ihm an deiner Seite durch diese Welt gehen wirst.

Radikale Vergebung

28

Stell dir folgendes Szenario vor: Der Sohn einer Mutter wurde ermordet. Nun sitzt sie im Gerichtssaal dem Täter gegenüber und dieser zeigt überhaupt keine Reue, nicht einmal einen Funken von »Es tut mir leid«. Wie soll diese Mutter damit umgehen? Soll sie ihm vergeben? Muss sie ihm vergeben? Kann sie das überhaupt?

Das ist natürlich eine sehr krasse Situation: Jemand wird völlig zu Unrecht aus dem Leben gerissen, denn selbst wenn der Ermordete selbst irgendetwas Schlimmes getan hätte, ist ein Mord immer Unrecht. Wie kann man mit so etwas umgehen? Gerade, wenn es dem Schuldigen nicht einmal leidtut.

Um das zu beantworten, müssen wir erst mal fragen: »Was heißt es überhaupt, zu vergeben?« Diese Frage ist nicht leicht zu beantworten. Wichtig zu verstehen ist: um zu vergeben, muss ich eine Person nicht von ihrer Schuld oder dem, was sie getan hat, freisprechen. Das Ergebnis der Tat bleibt: Der Sohn aus dem Beispiel ist tot, und er selbst kann dem Täter nicht mehr vergeben. Vielleicht später, wenn er bei Gott ist, aber darüber können wir letztlich nichts wissen. Vergeben heißt deswegen nicht, jemanden von seiner Schuld zu befreien. Der Mörder muss die Verantwortung tragen und wird Konsequenzen erleben. Vergeben heißt stattdessen, dass ich die Person von dem Hass, den ich ihr gegenüber empfinde, befreie. Die Tat bleibt, aber ich versuche damit die Mauer zwischen mir und dem anderen einzureißen.

Vergeben heißt nicht, jemanden von seiner Schuld zu befreien. Er muss die Verantwortung tragen und wird Konsequenzen erleben. Vergeben heißt, dass ich die Person von dem Hass, den ich ihr gegenüber empfinde, befreie.

Ich glaube, bei Vergebung geht es vielmehr um mich als um den anderen. Die Gefühle, die zwischen mir und meinem Gegenüber stehen, gehen von mir aus. Vielleicht empfinde ich Wut oder sogar Hass und würde am liebsten sagen: »Hey, ich finde es unmöglich, was du getan hast. Es hat ein Loch in mein Herzen gerissen und es reibt mich auf!« Diese Gefühle muss *ich* loslassen. Auch dann, wenn es dem Täter, wie in dem Beispiel mit der Mutter, überhaupt nicht leidtut. Denn der Punkt ist: Eine Entschuldigung ist keine Voraussetzung dafür, dass ich vergebe. Versöhnung würde das voraussetzen. Vergebung ist allerdings der notwendige Schritt davor und vor allem ein Befreiungsprozess für mich. Nach und nach werde ich von all dem befreit, was ich gegen diese Person in meinem Herzen herumtrage. Dabei heißt Vergeben nicht Vergessen, denn ich werde, auch nachdem ich gesagt habe »Dir ist vergeben«, immer mal wieder an die Tat denken. Vergeben ist ein Prozess der Befreiung – von der Bitterkeit, die auf mir selbst liegt.

Vergeben ist ein Prozess der Befreiung – von der Bitterkeit, die auf mir selbst liegt.

Das Beispiel zu Beginn ist sehr extrem, aber es macht deutlich, worum es bei Vergebung geht. In unserem Alltag ist es vielleicht eher ein Streit mit einem Freund oder einer Freundin. Kennst du das? Warst du schon mal auf jemanden so richtig sauer und hast gemerkt, dass dieses Gefühl es dir unmöglich macht, in Liebe zu handeln, und zwar nicht nur dieser Person, sondern in der Folge auch anderen Personen gegenüber? Für mich fühlt es dich dann immer an, als ob ich »in Ketten liegen« würde.

Oder andersherum: Du selbst hast Mist gebaut und merkst, dass du es nicht mehr rückgängig machen kannst. Vielleicht hast du ein Geheimnis ausgeplaudert oder etwas getan, das eine andere Person verletzt hat, und du erkennst, dass du dich entschuldigen solltest. Du würdest alles Mögliche dafür tun, um es wieder rückgängig zu machen, aber es geht nicht. Das Einzige, was dir bleibt, ist, um Vergebung zu bitten.

Ich bin davon überzeugt, dass es uns frei macht, wenn wir Vergebung aussprechen und wenn wir Vergebung erfahren. Vor Gott und der Welt bin ich schuldig, dessen bin ich mir bewusst, aber ich glaube an die Gnadentat am Kreuz und dass mir durch das Kreuz vergeben ist. Diese Vergebung darf ich annehmen.

Ich weiß, dass ich mich vor Gott nicht rechtfertigen oder etwas zurechtrücken kann, um dann zu sagen: »So, passt doch, war ja gar nicht so schlimm.« Aber Gott sagt zu mir: »Ich liebe dich, du bist wertvoll und dir ist vergeben. Es ist schon alles getan.« »*Es ist vollbracht*« *(Johannes 19,30)* – dieser Satz am Kreuz ist für mich der Inbegriff von Freiheit, mit der ich leben darf. Und dennoch: Immer wieder fällt es Menschen schwer, diese Freiheit anzunehmen. Vielleicht denken sie, dass ihre Tat zu schlimm ist, als dass sie vergeben werden kann, und sagen sich: »Okay, wenn ich jemandem etwas geklaut habe, ist das vielleicht nicht so krass, aber wenn ich jemanden umgebracht habe, ist das viel zu groß.«

Doch es gibt keine Tat, die zu groß wäre, als dass das Kreuz sie nicht vergeben könnte. Ansonsten würden wir die Tat am Kreuz schmälern und so tun, als ob das, was dort passiert ist, noch nicht ausreichen würde. Am Kreuz wurde alles bezahlt und vergeben. Das ist kein Freibrief, zu tun und zu lassen, was man will, sondern eine Einladung Gottes: »Egal, woher du kommst, egal, was du getan hast, wenn du es bereust und um Vergebung bittest, wirst du angenommen und erfährst hier Gnade.« Das Kreuz zeigt eine radikale Gnade, und Gnade ist ein Geschenk. Du kannst sie dir nicht verdienen, genauso wenig wie Vergebung. Wenn du deine Freundin beleidigt hast, kannst du ihr zwar einen Kaffee oder Tee und Kekse bringen, aber du kannst sie durch dein Tun nicht dazu bringen, zu sagen: »Ah, ja klar, jetzt ist dir vergeben.« Vergebung ist eine freie Entscheidung und ein freier Prozess, der einer Person auch das Recht gibt, nicht zu vergeben. Die Mutter darf sagen »Ich kann diese Tat nicht vergeben.« Das darf man ihr nicht vorhalten und zum Vorwurf machen. Es ist ihre freie Entscheidung – für oder gegen Vergebung.

Ich glaube, dass Gott mir und dir gegenüber gnädig ist, und dass es für uns Menschen gut ist, zu vergeben. Uns ist vergeben und wir sollen und dürfen Gnade aussprechen, weil wir selbst Gnade erfahren haben. In die Mutter aus meinem Beispiel kann ich mich allerdings nicht hineinversetzen, denn ich sitze nicht in diesem Gerichtssaal, habe diese Situation nicht erlebt und kann insofern auch nicht drüber urteilen und sagen: »So würde ich es machen.«

Ich wünsche dir und mir, dass wir frei sind und vergeben können, weil auch wir mal in die Situation kommen werden, in der wir Vergebung brauchen werden. Vielleicht hilft es dann, sich in die Position des Gegenübers reinzuversetzen und sich bewusst zu machen: »Auch ich bin ein Mensch, auch ich bin fehlbar. Vielleicht wäre mir das genauso passiert.« Es erfordert Übung und ein Über-sich-Hinauswachsen, einem anderen Menschen gegenüber Gnade auszusprechen und ich wünsche dir und mir, dass wir das können und immer mehr lernen.

Überleg mal, ob es gerade einen Menschen gibt, gegen den du Groll hegst. Erinnere dich daran, was Gott für dich getan hat und dass er dir Freiheit schenken möchte.

Vielleicht fällt dir auch jemand ein, bei dem du dich entschuldigen solltest. Tue es heute noch!

Es erfordert Übung und ein Über-sich-Hinauswachsen, einem anderen Menschen gegenüber Gnade auszusprechen.

Trost-
voll

Kennt ihr diese Momente aus Ärzte-Serien, wenn der Arzt den Angehörigen eine Botschaft überbringen muss, die alles andere als positiv ist? Wenn er sagt, dass jemand eine schwere Krankheit hat, dass jemand sterben wird oder die Situation brenzlig ist? Und man sitzt als Zuschauer vor dem Fernseher und denkt sich: »Wie kann man nur so unempathisch sein? Wie kann man das so unsensibel rüberbringen? Ich hätte das ganz anders gemacht!«

Ich kenne das gut – sowohl aus Serien als auch aus eigener Erfahrung. Doch heute stehe ich auf der anderen Seite – bei den Ärzten – und schaue zu, wie sie das machen, und merke: Wenn ich diese schlechte Nachricht überbringen müsste, würden mir manchmal die Worte fehlen. Ich wüsste nicht, wie ich meinem Gegenüber gerecht werden sollte. Ich könnte gar nicht einschätzen, was ich jemandem zutrauen kann und wie sehr es mich selbst emotional treffen dürfte. Vor allem frage ich mich: »Wie – in all dieser scheinbaren Hoffnungslosigkeit – kann ich von der Hoffnung erzählen, die in meinem Herzen ist, von der Hoffnung, die mich begleitet, die mich trägt und an die ich glaube? Wie kann ich von der tiefen Zuversicht erzählen, dass es mit dem Tod nicht aufhört? Wie kann ich in einer Situation, in der alles aussichtslos, schwarz und dunkel scheint, von dem Licht erzählen, an das ich glaube?«

Ich habe in den letzten Jahren immer mehr erkannt, dass es überhaupt nicht angebracht ist, in jeder Situation von dem eigenen Glauben zu sprechen. Im Gegenteil: Es kann sogar übergriffig und völlig fehl am Platz sein, wenn man sagt: »Ja, das ist eine schlechte Nachricht, aber Jesus liebt Sie, und es geht weiter nach dem Tod.« Auch wenn ich das glaube, so ist es trotzdem nicht das, was mein Gegenüber in dem Moment unbedingt braucht. Vielmehr würde ich mir in diesen Momenten überlegen, wie ich diese Hoffnungs-Botschaft einem Menschen vermitteln kann, ohne mit vielen Worten und Evangeliumszitaten um die Ecke zu kommen. Was könnte ich stattdessen tun, ganz praktisch?

Vielleicht braucht ein Mensch in dem Moment einfach Ruhe, eine Umarmung, jemanden, der ihm zuhört, oder einfach einen Kaffee. Die Frage ist also: »Wie kann ich einem Menschen begegnen, sodass er es versteht?« Ein Gebet, das ich auf dem Herzen habe, kann ich zum Beispiel auch für mich im Stillen sprechen. Die Hoffnungsbotschaft muss nicht immer laut daherkommen.

Die Hoffnungsbotschaft muss nicht immer laut daherkommen.

Ich erinnere mich an eine Situation im Schockraum, während eines meiner Praktika im Krankenhaus. Wir haben jemanden reinbekommen, der schon seit einer geraumen Zeit reanimiert worden war und der nun in der Klinik weiter reanimiert wurde. Irgendwann, nach einer gewissen Zeit, stellt man einen solchen Prozess ein, weil man sagt: »Wir haben nun eine definierte Zeit lang reanimiert. Wir haben keine Hoffnung mehr, dass das Herz noch mal anfangen wird, zu schlagen.« So war es auch hier. Für mich war das ein prägender Moment. Die Leute haben einfach gesagt: »Okay, Zeit abgelaufen. Wir stellen alles ab.« Der Verstorbene wurde umgelagert – und es ging einfach weiter. In dem Augenblick habe ich mir gewünscht, dass für einen kurzen Moment Stille gewesen wäre, ein Moment der Andacht, der Haltung und des Gedenkens daran, dass da eben ein Mensch verstorben ist, der Menschen kannte, die ihn liebten, und Menschen, die er selbst geliebt hat. In diesem Krankenhausablauf hat das nicht stattgefunden. Doch als kleine Jana in der Position einer Praktikantin konnte ich zwar nicht alle dazu auffordern, ich selbst aber konnte trotzdem dort stehen und mich fünfzehn Sekunden in Gedanken diesem Menschen widmen.

Ich glaube, dass wir einen Gott haben, der Gebete erhört, ganz egal ob sie aus der kleinsten hintersten Ecke kommen oder von vorne von der Kanzel. Wir haben einen Gott, der uns zuhört, auch im Stillen und ohne dass wir die Hände falten. Es geht vielmehr um eine innere Haltung von Anbetung und Gedenken. Und genauso möchte ich auch einem Mitmenschen, der gerade Schweres erlebt, begegnen, ohne übergriffig zu sein. Ich möchte dem anderen meinen Glauben nicht überstülpen und sagen: »Du darfst jetzt nicht traurig sein.« Oder: »Du musst gar nicht verzweifelt sein, weil da Hoffnung ist.« Nein, ein Mensch darf verzweifelt sein, ein Mensch darf anklagen, ein Mensch darf traurig sein. Ich glaube, dass sich Gott in all dieser Trauer, in all dieser Verzweiflung, in all diesem Dunkel zu uns setzt und mit uns weint. Wir dürfen mit all unserer Trauer zu ihm kommen.

Ich glaube, dass sich Gott in all dieser Trauer, in all dieser Verzweiflung, in all diesem Dunkel zu uns setzt und mit uns weint.

In den Psalmen gibt es etliche Klagelieder, die voll von Vorwürfen sind. Sie sind Aufschreie der Trauer, gespickt mit »Warum?« und »Warum ich?«. Doch in all dieser Dunkelheit kommt in den Texten immer wieder eine Kehrtwende dazu. Plötzlich erscheinen neben all der Trauer Licht, Dankbarkeit, Ehrfurcht und Demut. Ich hoffe, dass ich genau dieses Licht zu den Menschen bringen kann. Das wird mir sicherlich nicht immer gelingen, trotzdem kann ich dafür beten, dass Menschen auf ihrem Weg der Trauer die richtigen Menschen an die Seite gestellt werden, die sie in dieser Zeit begleiten und tragen.

Ab und an bekomme ich Nachrichten, in denen es heißt, dass ein Freund oder Bekannter von einem Schicksalsschlag getroffen wurde, mit der Bitte: »Würdest du bitte für diese Person beten?« Vielleicht hast du diese Erfahrung auch schon gemacht. Ich persönlich betete früher immer direkt: »Herr, ich bitte dich um Heilung.« Das ist ein ganz normaler Impuls: Wenn mir jemand wichtig ist, dann möchte ich, dass derjenige am Leben bleibt. Dann möchte ich, dass er geheilt wird. Das ist mein innerster Herzenswunsch.

Mit der Zeit habe ich aber gelernt, zu beten: »Herr, dein Wille geschehe. Lass mein Herz damit leben lernen. Lass das Herz derer, die diese Person lieben, den Vater, die Mutter, die Geschwister, die Angehörigen, Freunde, damit leben lernen. Lass sie sich aufgefangen und angenommen fühlen. Lass sie Menschen in ihrer Nähe haben, die da sind.« Dieses Gebet geht mir viel schwerer über die Lippen, denn damit räume ich die Möglichkeit ein, dass es kein »gutes« Ende nimmt, wie wir uns das wünschen würden. Es ist nicht immer leicht, zu sagen: »Herr, ich bin nicht in Kontrolle. Ich wünsche mir zwar Heilung, aber mein Glaube daran, dass du groß und gut bist, dass du Licht bist, ist nicht davon abhängig. Ich verliere ihn nicht, wenn es auf der Welt kein Happy End gibt.«

Die Frage, die bleibt, ist: »Warum lässt Gott Leid zu?« Wenn wir doch einen allmächtigen Gott haben, einen, der das alles einfach abwenden könnte: Schicksalsschläge, Naturkatastrophen … Warum tut er es dann nicht einfach?

Wie bei Hiob schon angeführt, hier noch mal betont: Leid, das dich trifft, hast du nicht »verdient«. Es ist keine Strafe für etwas, das du getan oder unterlassen hast. Mir begegnen immer wieder Menschen, die Gott fürchten und sagen: »Wenn ich sündige, dann werde ich bestraft.« Oder die über andere denken: »Ja, dem geht es schlecht, weil er etwas Schlimmes getan hat.« An einen solchen Gott glaube ich nicht. Ich habe Ehrfurcht vor meinem Gott, aber ich habe keine Angst vor ihm.

Leid, das dich trifft, hast du nicht »verdient«. Es ist keine Strafe für etwas, das du getan oder unterlassen hast.

Egal, in welcher Situation du gerade bist. Wenn du dich fragst: »Womit habe ich das verdient? Gibt es da irgendeinen Zusammenhang? Habe ich irgendwas Schlechtes getan?«, dann sei dir sicher: Es ist keine Strafe Gottes. Du darfst traurig und verzweifelt sein und dich mit all deinen Gefühlen an Gott wenden. Wir sollen sogar genau das tun. Er sitzt und weint mit dir, sitzt neben dir und nimmt dich in den Arm. Gott will dir dort begegnen, wo du gerade bist. Wir sind auf der Erde, das hier ist noch nicht der Himmel. Uns ist Heilung versprochen, aber sie ist uns nicht hier auf der Erde garantiert. Es gibt nicht auf alles eine Antwort, die wir verstehen können. Es gibt nicht für alles eine Lösung, die wir jetzt schon sehen. Aber ich habe die Hoffnung, dass wir irgendwann bei Gott ankommen und er uns dann vielleicht alles erklärt. Und selbst wenn er das nicht tut, dann glaube ich, dass seine Gegenwart genug sein wird. Und auch heute schon genug sein kann.

Zudem: Ich habe gar kein Recht darauf, dass es mir wunderbar geht und mein Leben easy peasy ist – auch wenn ich mich selbst manchmal bei diesem Gedanken ertappe. Doch das ist mir nie versprochen worden. Auch wenn ich an Jesus glaube, wird es in meinem Leben Hindernisse geben. Was wäre ein Glaube, der keine Hoffnung mehr bräuchte? Was wäre ein Glaube, der schon wüsste, dass das hier der Himmel auf Erden ist. In dem Fall könnte ich zu diesem Gott, den ich schon fast greifen kann, letztlich nur Ja sagen. Ich glaube, Gott möchte ein Ja von uns in Anbetracht all dessen, was uns zweifeln lässt, in Anbetracht von all den Dingen, die uns widersinnig erscheinen und bei denen wir denken: »Gott, wo bist du? Warum bist du nicht hier?«

Ich glaube, dass Gott in all dem, was wir erleben, da ist – in den Höhen und in den Tiefen. Er feiert und freut sich mit uns, genauso wandert er mit uns durch die Täler, begleitet uns und trägt uns, wenn es nötig ist. Manche sagen jetzt vielleicht: »Jana, du hast leicht reden. Für dich gab es immer wieder Happy Ends, von denen du jetzt sagst, dass es die gar nicht unbedingt immer geben muss.« Das stimmt nur bedingt: Nicht alles wurde wieder heil in meinem Leben, Körper, Geist und Herzen. Auch in Krankheit glaube ich an einen Heiland. Und es gibt viele Menschen, die aus ihrem Leiden heraus nicht aufhören, auf einen guten und allmächtigen Gott zu weisen. Dennoch bin ich sicherlich nicht in der Position, zu sagen, wie du dich fühlen sollst. Aber ich wünsche mir für dich, dass du, wenn du gerade durch tiefe Täler gehst, deinen Weg mit Gott findest. Ich wünsche uns allen, dir und mir, Freiheit und ein Damit-umgehen-Können, ohne immer das Gefühl im Herzen zu haben, dass uns Unrecht widerfahren ist.

Ich wünsche uns eine Lösung und eine Antwort mit Gott. Natürlich brauchen Menschen Trost. Doch tröstende Worte sind selten die schnellen Antworten. Trost kann ich selten auf einem Krankenhausflur geben, in einem Wort, in einem Moment. Trost ist ein Da-Sein,

ein Mit-Aushalten, Trost ist eine Umarmung, ist wenn nötig auch beständig und konstant. Wenn ich ein kleiner Teil dieses Wegs sein kann, indem ich jemandem einen Kaffee bringe, ihm zuhöre oder eine Umarmung anbiete, dann möchte ich das sein und Trost mitgeben aus einer Quelle heraus, von der ich glaube, dass sie Gott ist.

Trost kann ich selten auf einem Krankenhausflur geben, in einem Wort, in einem Moment. Trost ist ein Da-Sein, ein Mit-Aushalten, Trost ist eine Umarmung, ist wenn nötig auch beständig und konstant.

Das lebendige Wort

30

Als ich darüber nachgedacht habe, was meine Lieblingsbibelverse sind, fiel mir auf, dass ich das für mich nur schwer beantworten kann. Oftmals ist es von der Situation oder dem Kontext abhängig, welcher Vers mir in einem konkreten Moment mehr sagt als ein anderer. Insofern ist meine Bibelvers-Liste variabel. Es gibt einfach viel zu viele, als dass ich sagen könnte: »Das sind die besten Verse.«

Ich habe mir trotzdem überlegt, welche Verse mich in meinen einzelnen Lebensabschnitten begleitet haben, und ich starte mit einem frühen Zeitpunkt in meinem Leben: Vermutlich war ich so in etwa in der sechsten Klasse. In dieser Zeit kam einmal jemand auf mich zu und meinte: »Jana, ich habe einen Vers für dich: Psalm 1, Vers 3.« Damals habe ich das zuerst gar nicht ernst genommen und gedacht: »Wow, wie kreativ, da ist jemand weit gekommen in den Psalmen – bis zu Psalm 1, Vers 3.« Der Vers lautete so:

Er gleicht einem Baum, der am Wasser steht;
Jahr für Jahr trägt er Frucht, sein Laub bleibt grün und frisch.
Was immer ein solcher Mensch unternimmt, es gelingt ihm gut.
Psalm 1,3; GNB

Damit konnte ich am Anfang wirklich nichts anfangen, aber über die Jahre hinweg – bis heute – hat mich dieser Vers kontinuierlich begleitet. Nach und nach ist mir immer bewusster geworden, was es heißt, an diesem Wasser gepflanzt zu sein und Frucht zu bringen: Wenn ich nah an dieser Wasserquelle bleibe, bleibe ich auch nah am

221

Herzen Gottes und mein Leben wird Frucht bringen. Schaue ich später einmal auf mein Leben zurück, werde ich viele gute Dinge sehen, die dadurch entstanden sind, dass ich mich nach dem Herzen Gottes gesehnt habe. Dass ich versucht habe, nah an dieser Quelle zu bleiben.

> *Schaue ich später einmal auf mein Leben zurück, werde ich viele gute Dinge sehen, die dadurch entstanden sind, dass ich mich nach dem Herzen Gottes gesehnt habe.*

Ich spüre eine Sehnsucht nach der Gegenwart Gottes, wenn ich mich mal über mehrere Tage nicht mit Gott beschäftigt habe. Dieser Ursprung meiner Kraft, diese Quelle, ist für mich und mein Leben fundamental wichtig und soll aus meinem Leben hin zu anderen Menschen fließen. Das gilt für alle Bereiche meines Lebens, für alles, was ich tue – als Studentin, als Influencerin, als Autorin. Dieser Vers ist auf der einen Seite ein Zuspruch und eine wirkliche Ermutigung: »Bleib an dieser Quelle und du wirst Frucht tragen.« Genauso ist er auch eine Ermahnung: »Wenn dem nicht so ist, wird dieser Baum sterben!« Ich möchte mein Leben lang in diesem Glauben lebendig bleiben, ganz nah an Gottes Herzen.

Im Laufe meiner Jugend hat mich ein weiterer Vers angesprochen. In dieser Zeit habe ich ganz oft erlebt, dass Leute mir gesagt haben:

»Ach, das verstehst du jetzt noch nicht, da muss du erst noch hinkommen« oder »Ach, kleine Jana, wenn du erst mal in meinem Alter bist!« Meistens waren diese Leute selbst erst um die zwanzig Jahre alt, aber sie haben sich weise und alt gefühlt. Ich empfand das häufig so, als würden sie von oben auf mich herabgucken. In solchen Situationen hat mir ein Vers aus dem ersten Timotheusbrief sehr geholfen:

> **Niemand soll dich verachten, weil du noch jung bist.**
> **Sei allen Glaubenden ein Beispiel mit deinem Reden und Tun,**
> **deiner Liebe, deinem Glauben und deiner Reinheit.**
> 1. Timotheus 4,12; GNB

Timotheus war zu dem Zeitpunkt, als Paulus ihm diesen Brief geschrieben hat, noch jung, und für ihn war es wichtig, dass ihm jemand sagte: »*Niemand soll dich verachten, weil du noch jung bist.*« Natürlich ist das Alter nicht nur eine Zahl, sondern auch eine Entwicklungsstufe, die dir bestimmte Dinge erlaubt oder auch nicht. Zum Beispiel darf man als Kind noch nicht wählen gehen, weil man die politischen Zusammenhänge üblicherweise gar nicht verstehen kann. Alter kann dich in eine bestimmte Position rücken, die dich freier oder unfrei macht, je nachdem, wie alt du bist. Aber Alter sollte niemals ein Hindernis sein oder etwas, das dich davon abhält, etwas zu bewegen. Ich bin davon überzeugt: Du als junger Mensch hast eine Stimme. Ich habe eine Stimme – schon jetzt – und die wird sich mit dem Alter und mit den Aufgaben wandeln. Aber die Stimme, die ich jetzt habe, die will und werde ich nutzen.

Wir sehen das zum Beispiel in der »Fridays for Future«-Bewegung, die von einer einzigen, jungen Person losgestoßen wurde. Greta Thunberg ist keine Professorin, sie hatte keine hohe Position inne. Doch sie hat ihre Stimme und ihr Standing damals genutzt und das ihr Bestmögliche getan und es ist etwas beeindruckend Relevantes daraus geworden.

Vor einiger Zeit befand ich mich in einer Situation, in der es mir genauso ging wie damals als Jugendliche. Ich nahm an einer Podiumsdiskussion teil, in der es auch um die Zukunft der Kirche ging. Bei solchen Podiumsdiskussionen bin ich fast immer die Jüngste und muss mir dort meine Anerkennung manchmal erst etwas erarbeiten. Ich sitze dort ohne einen Doktortitel und manche der Leute scheinen zu denken: »Jana Highholder, was will die uns schon sagen?« In jener Diskussion war es Folgendes: »Das Problem, das ich sehe, ist, dass die Zukunft von den heute U30-Jährigen getragen wird, die Entscheidungen aber werden von den Menschen getroffen, die weitaus älter sind. Diese setzen den Rahmen, in denen die Jugend später einmal agieren soll. Die Entscheidungsträger sind keine Menschen meiner Generation.« Und einer meiner Gesprächspartner hat dann – nicht ins Mikrofon vor den vielen Menschen, sondern nur zu mir – gesagt: »Tja, so ist das Leben.« In dem Moment dachte ich: »Also, wenn man in so einer hohen Position und in dem Alter einen Satz auf diese Art droppt, dann sind einem nicht nur gute Argumente abhandengekommen, sondern man ist auch ziemlich kindisch, eigentlich wirklich peinlich.« Da möchte ich anders sein.

In meinen jungen Jahren habe ich auch schon einiges bewegt und erreicht und jene, die mir damals gesagt haben, dass ich nur mal abwarten sollte, die haben nicht recht behalten: Meine Überzeugungen sind nicht nur gleich geblieben, sie sind gefestigt worden und tiefer gewachsen. Meine Entscheidungen, um einen gottgefälligen Lebensstil zu führen, haben mich an grandiose Orte gebracht und vor allem immer in der Nähe Gottes bleiben lassen. Ich glaube, dass ich die beste Version meines Lebens lebe. Und ich bin dankbar, dass ich mich nicht habe klein machen lassen, von »großen« Menschen mit kleinem Horizont.

Der nächste Vers, der mich begleitet hat, ist ein ziemlich bekannter. Bei mir ist es häufig so, dass ich mir Sorgen mache, wenn ich eine Sache geschafft habe, aber noch nicht weiß, wie es danach konkret weitergehen wird. So wusste ich zwar, dass sich in dem Jahr nach meinem Abitur vieles in meinem Leben ändern würde, aber ich hatte noch keine genaue Vorstellung vom Wie. Mein Plan, nach Münster zu gehen und Medizin zu studieren, existierte noch nicht. Es war alles offen. Ich wusste nur, dass ich am Ende dieses Jahres woanders wohnen würde, aber ich wusste noch nicht, wo. Damals habe ich keine Freiheit empfunden, wie man vielleicht vermuten könnte, sondern mich unsicher gefühlt und Angst davor gehabt, dass es nicht gut werden könnte. In dieser Zeit hat mich folgender Vers aus Jeremia beruhigt:

[...] denn mein Plan mit euch steht fest: Ich will euer Glück und nicht euer Unglück. Ich habe im Sinn, euch eine Zukunft zu schenken, wie ihr sie erhofft. Das sage ich, der Herr.
Jeremia 29,11; GNB

Ich empfand es als so wohltuend, diesen Vers zu lesen: Er will mein Glück und er hat einen Plan mit Hoffnung und eine Zukunft für mich. Hier steht nicht: »Du wirst Medizin studieren.« Oder: »Du wirst in Münster studieren. Das ist das, was ich für dich vorgesehen habe.« Ich kannte Gottes konkreten Plan ja nicht, nur weil ich diesen Vers gelesen hatte. Aber ich war und bin davon überzeugt, dass dieser Plan existiert und er gut für mich ist. Das allein hat mich beruhigt und sicher gemacht in der Liebe und dem Wohlwollen Gottes mir gegenüber. Mittlerweile bin ich mit meinem Medizinstudium in Münster fast fertig.

Damit bin ich wieder an einer anderen Station in meinem Leben angekommen: der Studienzeit. In meinem Studium muss ich viele Klausuren schreiben und ich bin eine richtig kleine Klausur-Stresser-immer-Angst-Haberin und Mir-Sorgen-Macherin. Doch ich habe erlebt, dass mir in solchen Klausurphasen Gebet hilft: Es tut mir gut, zu wissen, dass Leute an mich denken und ganz konkret für mich beten. Darüber hinaus gibt es einen Vers, der mich immer wieder ermutigt.

Er steht im Buch Josua:

Ich sage dir noch einmal: Sei mutig und entschlossen!
Hab keine Angst und lass dich durch nichts erschrecken;
denn ich, der Herr, dein Gott, bin bei dir, wohin du auch gehst!
Josua 1,9; GNB

Ich finde, das ist ein schönes Bild und ich bete oft vor Klausuren dafür, dass diese Gewissheit in mein Herz kommt: Gott geht mir voraus. Er ist bereits in dem Raum und an dem Platz, an dem ich die Klausur schreiben werde. Er wird hinter mir stehen, mich umgeben und wir werden in diese Prüfung zusammen gehen, zusammen diese Herausforderung annehmen. Ich brauche mich nicht erschrecken, nichts muss mich einschüchtern, weil der Herr, mein Gott, an meiner Seite steht.

Der fünfte Vers ist schon seit Längerem mein »Lieblingsvers« und steht im Matthäusevangelium:

Sorgt euch zuerst darum, dass ihr euch
seiner Herrschaft unterstellt, und tut, was er verlangt,
dann wird er euch schon mit all dem anderen versorgen.
Matthäus 6,33; GNB

In der Lutherübersetzung steht: »*Trachtet zuerst nach dem Reich Gottes und nach seiner Gerechtigkeit, so wird euch das alles zufallen*«. Wenn mir jemand sagt: »Ach, das ist ja ein Zufall!«, antworte ich oft: »Ich glaube nur daran, dass es uns von oben herab zufällt.« Für mich gibt es nur diese Art von Zufall. Gleichzeitig zeigt mir der Vers aus Matthäus, was meine Priorität im Leben sein soll. Und so versuche ich in allem, was ich sage, tue, denke und bin, meinen Fokus auf meinen Gott zu legen. Natürlich gelingt mir das nicht immer. Doch ich hinterfrage mich regelmäßig: »Wofür tue ich das? Für den Applaus der Welt oder für meinen eigenen Nutzen? Was ist mein Antrieb, was ist meine erste Priorität im Leben?«

Wenn ich meinen Gott liebe und ihn mit dem, was ich tue, ehre, werden alle anderen Dinge, um die ich mir noch Sorgen mache, zur richtigen Zeit am richtigen Ort sein. Alles wird sich zusammenfügen zu meinem Besten. »*Denen, die Gott lieben, [werden] alle Dinge zum Besten dienen*« *(Römer 8,28)*, auch wenn das manchmal gar nicht so scheint. In diesem Vers schwingt ganz viel mit von »Du darfst deine Sorgen ablegen und dich den wirklich wichtigen Dingen widmen«, und das wirklich Wichtige ist, zuallererst Gott zu lieben und zu ehren.

Wenn ich meinen Gott liebe und ihn mit dem, was ich tue, ehre, werden alle anderen Dinge, um die ich mir noch Sorgen mache, zur richtigen Zeit am richtigen Ort sein.

Mein größter Dank
gilt meinem Schöpfer,
meinem Heiler, Befreier,
Retter, Freund und Vater.

Gott, dir gehört
mein ganzes Leben.

Anmerkungen

1 David Hand (Regie), Bambi, 1942, Minute 10:13–10:24.

2 Jana Highholder, aufwärts – Hörbuch, Gerth Medien, 1. Auflage 2016, Titel 3: Heldin.

3 Nach dem Buchtitel von Hans Peter Royer, Nach dem Amen bete weiter – Im Alltag mit Jesus unterwegs, SCM Hänssler, 14. Gesamtauflage 2017.

4 Pascal Mercier, Nachtzug nach Lissabon, btb, 9. Auflage 2006, S. 100.

5 Friedrich Nietzsche, zitiert nach: Friedrich Haarhaus, Unsere schönsten Weihnachtslieder – Wie sie entstanden, was sie verkünden, SCM Hänssler, 1. Auflage 2020, S. 27.

6 »Siehst du«, sagte der Weise, »wenn das, was du mir erzählen willst, weder wahr noch gut noch nützlich ist, dann behalte es lieber für dich« (Die drei Siebe des Sokrates) aus Ruediger Schache, Die sieben Schleier vor der Wahrheit, Nymphenburger Verlag, 2015, S. 83.

7 vgl. z. B. IntroBooks Team, Kants Kategorischer Imperativ, IntroBooks, 1. Auflage 2019, S. 3.

8 Jesus, Herr, ich denke an dein Opfer. Originaltitel: Once Again. Text & Melodie: Matt Redman. Dt. Text: Daniela Pförtner © 1995 Thankyou Music. Für D, A, CH: SCM Hänssler, Holzgerlingen.

9 Wohin sonst. Text & Melodie: Thea Eichholz © 2000 Gerth Medien, Asslar.

10 Der Löwe und das Lamm. Originaltitel: The Lion And The Lamb. Text & Melodie: Brian Johnson, Brenton Brown & Leeland Mooring. Dt. Text: Sandra Dittmann © 2015 Thankyou Music. Für D, A, CH: SCM Hänssler, Holzgerlingen © 2015 Bethel Music Publishing. Für D, A, CH: Small Stone Media Germany, Köln © 2015 Meaux Mercy / The Devil Is A Liar! Publishing. Für D, A, CH: Universal Music Publishing, Berlin.

11 Glory To Glory. Text & Melodie: William Matthews, Lauren Evans & Rick Seibold © 2015 Bethel Music Publishing / Mighty Maverick Music. Für D, A, CH: Small Stone Media Germany, Köln © 2015 Laurel Krown Music. Für D, A, CH: Rondor Musikverlag, Berlin.

12 See A Victory. Text & Melodie: Ben Fielding, Chris Brown, Jason Ingram & Steven Furtick © 2019 Fellow Ships Music / Music by Elevation Worship Publishing / So Essential Tunes. Für D, A, CH: Sony Music Publishing, Berlin © 2019 SHOUT! Music Publishing. Für D, A, CH: CopyCare Deutschland, Holzgerlingen.

13 Karin Bornkamm und Gerhard Ebeling (Hrsg.), M. Luther – Ausgewählte Schriften, S. Fischer Verlag, 1. Auflage 1982, S. 269.

14 Dietrich Bonhoeffer, zitiert nach: Manfred Keller und Günter Brakelmann, Dietrich Bonhoeffer – Stationen und Motive auf dem Weg in den politischen Widerstand, Lit Verlag, 1. Auflage 2005, S. 82.

Henok Worku

Jung sterben
Warum es sich lohnt, ganz für Jesus zu leben

Du sehnst dich nach einem Leben, das zählt? Du willst echt etwas bewegen in dieser Welt? Genau das kannst du tun, denn dazu bist du berufen! Lass dich auf das Abenteuer ein: Mach dich auf den Weg zu einem Leben, das so viel mehr ist, als du dir jemals erträumt hättest!

Klappenbroschur, 13,5 x 21,5 cm, 176 S.
Nr. 226.946, ISBN: 978-3-417-26946-8
Auch als E-Book

Gunnar Engel

Follower
Wie Gott dein Leben verändert, wenn du ihn lässt

Gunnar Engel nimmt das Gebet „Hier bin ich. Sende mich."
unter die Lupe. Er zeigt auf, wie wir mit diesem mutigen
Gebet Wurzeln im Glauben schlagen können. Mit persönlichen Erlebnissen und Humor hilft er uns, Gott auf sein
Rufen zu antworten und einen neuen Weg voller Hingabe
zu beschreiten.

Klappenbroschur, 13,5 x 21,5 cm, 248 S., 2-farbig
Nr. 226.957, ISBN: 978-3-417-26957-4
Auch als E-Book

Amanda Jenkins, Kristen Hendricks, Dallas Jenkins

Von Jesus gerufen
Andachten

Gebunden,
12,5 x 18,7 cm, 192 S.
Nr. 227.000.003,
ISBN: 978-3-417-00003-0

40 Tage mit Jesus
Andachten

Gebunden, 12,5 x 18,7 cm, 240 S.
Nr. 227.000.012,
ISBN: 978-3-417-00012-2

Die Andachtsbücher zu "The Chosen" laden uns zu einer
40-tägigen Reise mit Jesus durch unsere Alltagsthemen
ein: Wie gestalte ich meine Beziehungen? Wie gehe ich mit
Zweifeln um? Welche guten Pläne hat Jesus für mein Leben
und wie erkenne ich sie?

Auch als E-Book

SCM
R.Brockhaus